JN059506

税理士・事務所職員が

不動産評価を
ゼロから知りたい
と思ったときに読む本

不動産鑑定士・税理士
樋沢武司
［著］

中央経済社

はしがき

　令和 6 年の地価公示（令和 6 年 1 月 1 日価格時点，令和 6 年 3 月26日発表，全国26,000地点）によると，地価公示の全国平均は，住宅地2.0％，商業地3.1％（前年住宅地1.4％，商業地1.8％）上昇となり，住宅地，商業地ともに上昇幅が拡大しました。商業地に関しては，東京・大阪・名古屋の三大都市圏では平均で5.2％（同2.9％），地方圏では1.5％（同1.0％）と，いずれも上昇率が拡大しています。

　土地だけではありません。マンションも都心部を中心に高騰を続けています。筆者が居住する名古屋では，数年前まで 1 億円あればタワーマンションの上階部分や豪華なマンションを購入できたものですが，今は状況がかなり変化しています。

　円安や資材価格の値上がり，人件費の上昇などで建築コストは確実に増え続け，分譲戸建住宅も手を出しづらくなっています。株価も令和 6 年早々に日経平均がバブル超えの最高値を記録し，かつてのデフレ経済からインフレ基調へと変わりつつあります。

　相続税申告現場に目を転じると，相続財産のメインが現預金に移ってから久しくなりますが，今後は再び，不動産や有価証券の相続財産に占める割合が増加するかもしれません。

　他方で，日本は人口減少・過疎化・高齢化が進展し，地方では消滅可能性都市が多数存在し，土地需要は低迷したままです。令和 5 年 4 月からは相続土地国庫帰属制度が始まり，一定の条件に合致する土地であれば，お金を出して国に引き取ってもらうことができるようになりました。

　また，令和 6 年 4 月からは不動産の相続登記が義務化されました。相続登記がされないことにより所有者不明土地が全国で増加していることが背景にあります。人気のないエリアでは，もはや不動産が「負動産」化している証拠ともいえます。

　このような状況で，不動産，特に土地の財産評価は難しくなる一方です。

地球温暖化の影響と見られる豪雨などの影響で浸水や地滑りなどの災害が多発し，災害リスクは地価に大きな影響を与えています。相続税財産評価でも平成31年から「土砂災害特別警戒区域内にある宅地の評価」の減額補正を導入しています。

本書は，不動産の相続税評価を始める方や何となく不安を抱いている方向けに，不動産の基礎知識を含めて，路線価評価等をわかりやすく説明したものです。

読み始めると不動産特有の用語に戸惑うかもしれません。不動産の知識を得るためには，最低限の専門用語はマスターしなければなりません。

不動産を勉強するには，不動産に関心を持つことが一番です。新聞の折込やネットなどでマンションや分譲住宅の広告を目にする機会は多いはずです。広告には物件の外観図や間取図以外に，所在する土地の接面道路の状況や建築基準法上の用途地域，最寄駅とそこからの距離などが，建物については床面積，構造，設備などが記載されています。これらの情報を多数見聞していれば，だんだんと不動産の知識も身についてきます。

ただし，不動産評価は奥が深く，実務では教科書どおりに評価することが無理な場面も出てきます。本書はあくまで入門編の位置づけです。具体的な評価をする際には，より詳細な書籍を参照することや，ネットで情報を入手することを強くお勧めします。

本書が皆様の実務の一助になれば幸いです。

令和6年5月

樋沢武司

目　次

はしがき

第４章　路線価図の確認

第5章　路線価方式による宅地評価

第6章　倍率方式による宅地評価

第7章　個別事情による宅地評価

第8章　借地権・貸宅地・貸家建付地

第9章　農地・山林・雑種地

第10章　家屋・マンション・6項適用

序 章

税務における不動産評価のシーン

　税理士が不動産を評価する場面と言えば，相続・贈与時の相続財産を評価するシーンが最初に思い浮かびます。「路線価」を使って実際に不動産を評価するのは，現地確認やいろいろな資料収集を伴うため，会計事務所職員や駆け出しの税理士が担当することが少なくありません。

　ただし，相続・贈与以外の場面でも，不動産評価あるいは不動産に関連する業務は数多くあります。会計事務所にとっての客先は，法人（法人税）と事業主である個人（所得税）が二本柱と言ってよいでしょう。

　法人個人を問わず，事業者が事業を行うには「営業する場所」が必要です。必ずどこかの不動産に「事務所」，「営業所」，「店舗」，「工場」を所有するか，あるいは賃貸して，営業していることになります。不動産所得を計上している個人は，第三者に賃貸借して賃料収入を得る収益物件を所有しています。

　不動産は通常，土地とその定着物（建物・構築物）をいい，土地はすべての国民の生活と活動に欠くことのできない基盤です。会計事務所の税理士・職員は，客先の税務・会計業務を担当する際に，不動産に関連する取引（取得・売却・賃貸借・所有不動産に係るコスト）を会計帳簿で整理・記帳し，知らず知らずのうちに取引内容を確認しているのです。

　会計事務所の客先は，事業用不動産に関して取得・譲渡，賃借・賃貸する場面で，顧問である税理士や職員に相談を持ちかけることが少なくありません。

　不動産の売買は，単なる商品と異なり，高額となることが一般的です。取得に際しては初期費用，毎期の減価償却費の見込額など，譲渡に際しては譲

渡益に係る税金などを会計事務所側で適切に算定することが重要です。

　会計事務所は単に税務・会計業務を引き受けているだけでなく，客先にとっては最も身近な相談相手です。税務以外でも，不動産を取引したり，賃貸借したりする際に，その取引価格や賃料に関して，安いか高いかなどの意見を求められることもあります。不動産に関する初歩的な事項を知らないでは済まされません。

　税理士が直接，不動産を評価する場面は，相続・贈与時の財産評価が一般的ですが，その他の場面でも評価を求められることがあります。以下，場面別に税務で求められる不動産評価のシーンをご紹介します。

☕ Coffee break

メタバース

　メタバースのようなインターネット上の仮想空間に作られた世界が話題となっていますが，単にエンターテイメントとしてではなく，自分の分身であるアバターを作って，仮想空間内で事業を展開し，収益活動をする時代となりつつあります。

　新型コロナウイルスの感染拡大により，リアルで対面するビジネスやイベントが制限され，代わりにオンラインを利用してのテレワークやリモート会議などが普及したこともメタバースを後押しすることになったようです。

　すでに仮想空間内の「区画」を賃貸借する，あるいは「土地」を売買することも始まっています。もちろん，仮想空間の「区画」が不動産と呼べるかどうかはわかりませんが，仮想空間内で店舗を出店したり，事務所を構えたり，ネットワークを広げて収益を挙げる事業者が今後，当たり前のように増えていきそうです。ひょっとすると，仮想空間内で活躍する「税理士事務所」が出現するかもしれませんね。

[1] 不動産の評価

(1) 相続・贈与

① 相続は突然発生します

　税理士Ａさんは，税理士試験合格後，地元の税理士法人××に就職し，法人顧客10社を担当しています。税理士は通常の月次整理・巡回監査，法人決算・申告のほか，年末調整や償却資産申告，そして確定申告と，１年を通して初めて一通りの業務を経験します。

　３月下旬のある日。初めての確定申告を終え，申告業務で使用した資料を整理しながら，久しぶりに事務所でのんびりと過ごしていたＡさん。ふと窓の外を見ると，桜のつぼみが大きく膨らみ，近いうちに開花宣言が出るような感じです。「そろそろ３月期決算に向けて準備をしなければならないな」と思っていたところに，担当先の１つである株式会社○○のＢ社長から電話が入ります。

「実はうちの母が先月亡くなりました。葬儀は親族のみで済ませています。Ａさんは確定申告で忙しいと思って，お知らせしなかったのですが，そろそろお話しする時間があるかなと電話した次第です」

「それは存じませんでした。お悔やみ申し上げます。社長はいつもお仕事でお忙しいので，いろいろと大変だったでしょうね。お話というのは相続税のことでしょうか？」

　受話器を左手に握り換え，Ａさんはすぐにメモが取れるようにボールペンを取り出します。

「そうです。母の預貯金はざっと1,000万円，生命保険金は2,000万円です。問題は不動産です。自宅，アパート１軒，それとこの会社のビルが建っている土地も母名義です。どれくらい相続税がかかるか早く知りたくて……。固

15

定資産税の課税明細と登記簿はすでにそろえてあります」

「わかりました。明日にでも資料を受け取りに参ります」

　Aさんの声に力が込もります。

「資料をお渡しすれば，どの程度でざっと評価額が出ますか？　相続人は私と妹の2人しかいません。親父の相続の時は，母が妹を説得して，この会社の株式はすべて私が相続することができました。しかし今回は，妹が何を言ってくるか心配です。なるべく早く税額を把握しておかないと」

　B社長がかなり相続税を心配している気配がひしひしと伝わってきます。

「今年の路線価は7月に公表されます。それまでは確実な評価額は出ませんが……」

「そうですか？　たしかにこの辺りは地価がだいぶ上がっているみたいですしね。7月ですか？　何とか今月中に概算出してもらえないですかね」

「わかりました。概算ならば2週間ほどで……，細かいことは明日お伺いした際に打ち合わせさせていただきます」

　Aさんは，そう言って電話を切ると，受話器を置いて，壁に掛けられたカレンダーに視線を移します。これまで相続税申告業務に携わったことはありません。しかし，Aさんの税理士法人では，客先の相続税申告は担当者が責任者となるルールです。税理士試験で相続税法を選択していなかったので，相続税法や不動産評価を一から勉強しながら，相続税申告をしていくことになります。

「4月下旬には3月決算法人で忙しくなる。今のうちに勉強しなきゃ」

　Aさんはこうつぶやくと，慌てて財産評価基本通達の解説本を事務所の本棚から取り出しました。

②　相続・贈与時の財産評価

　相続（遺贈および死因贈与を含みます）・贈与が発生した際，相続税・贈与税申告のために不動産を評価するのは税理士です。後述する財産評価基本通達に基づいて税理士が土地（土地に関連する権利等を含みます）や家屋などを

適正に評価しなければなりません。

　相続税申告業務を会計事務所で受任するからには，不動産の評価手法を熟知していないと客先に思わぬ損害を与えてしまいます。適正な評価額より低く評価してしまった場合は，後の税務調査で修正申告が求められ，客先に過少申告加算税・延滞税などの負担を与えてしまうのです。

　適正な評価額よりも高く評価した場合は，税務署は何も異議は言わないものの結果として客先に過大な税負担を強いたことになります。もっとも，申告書を作成した税理士も客先も，過大な税負担であったことを知る機会はほとんどありません。別の税理士がセカンドオピニオンとして更正の請求を出さない限りは，その事実に気づかないまま，当たり前のように申告が完了してしまいます。

⑵　法人所有不動産の評価

①　うちの株価は？

　３月決算法人の法人税・消費税申告がすべて完了しました。税理士法人××もご多分に漏れず，３月決算法人が一番多く，５月は確定申告期に匹敵する繁忙期です。Ａさんは今期５件の３月決算法人を任されています。

　今日は客先である□□会社のＣ社長にアポを取り，電子申告済み決算書・申告書控えを持参することになっています。事務所から□□会社までは電車と徒歩で30分ほどかかります。駅の改札口を出て，駅前商店街を歩いて移動します。不動産市況が好調であるためか，老朽化した店舗が取り壊され，マンションが数棟建築中です。逆に，商店街の活気は全体的に薄れている感じがします。

　客先までほんの５分程度の道のりですが，天気が良く雲がほとんどないため，初夏の陽ざしを遮るものがありません。額に汗が少しにじんできます。

　□□会社の受付で来訪を告げると，いつものミーティングルームに案内されます。しばらくすると女性社員が冷たい麦茶の入ったグラスを持ってきて，テーブルの上に２つ置いて出ていきます。「もう夏だな」とつぶやき，額の

17

汗をハンカチで拭ったところでＣ社長が現れます。

「やあ，お疲れさん。うちもこれまでと同じ利益を確保できてほっとしているよ。同業は厳しいところも増えているみたいだけどね」

「御社は健闘されていると思います。今期は前期比５％売上アップで利益は10％増ですしね。売上原価は……」

「ああだいたいは把握しているよ。それよりも，うちの株価は決算でどう変化するの？」

　すでに今期の売上・利益・税額などは連絡済みなので，Ｃ社長は細かい決算内容をＡさんに聞くつもりはないようです。

「株価ですか。社長は息子さんに贈与でもお考えですか？」

　当初予定していた決算概要報告ではなく，贈与・株価に話題が転換し，Ａさんは少々戸惑います。客先訪問の際は，ある程度予想問答を準備していきますが，急な質問にはまだまだ臨機応変の対応が苦手です。

「うん，そうなんだ。最近，日経平均株価，下落基調だよね。うちの株価も安くなるのかな？」

「そうですね。御社の株価評価をしなければなりませんね。すぐに取りかかりますが，どの程度お時間をいただけますか？」

　汗かきのＣ社長は喉が渇いているらしく，麦茶を一口飲んで続けます。

「ざっとでいいから，再来週までに何とかならない？　必要な資料はすぐに送信するよ。来月早々に銀行と借入れの件で打ち合わせがあるんだ。贈与税支払うのに銀行からお金を借りようと思ってさ」

　ＡさんはＣ社長の依頼を二つ返事で承諾し，事務所への帰路につきます。

「３月決算終わって，少しのんびりしようと思ったのに……。そういえば，所長はよく『株価評価できないと法人担当者として一人前ではないぞ』と言っていたな。たしか□□会社は不動産をあちこちに所有していたから，時間がかかるかもしれないな」

　事務所に戻って，Ａさんはすぐに株価評価の書籍を手に取り，何の資料が必要かピックアップし始めました。□□会社が所有する不動産は事務所，工

場，倉庫など複数の市町にまたがります。類似業種株価がいつ公表されるかも調べなくてはなりません。しばらくは所長や先輩税理士に教えを乞いながら，業務を進めることになりそうです。

②　ますます重要になる株式評価

　会計事務所の客先である中小企業の多くは，取引相場のない非上場株式を発行している同族法人です。株主である経営者の親族がその会社の株式を相続・贈与で取得する際には「原則的評価方式」が適用されます。原則的評価方式は，「純資産価額方式」（純資産方式）と「類似業種比準価額方式」（類似方式）の2つを単独または併用する形で株価を算定します。

　純資産方式とは，会社の資産をすべて売り払った金額から負債を引いた残額のようなイメージです。不動産などは簿価ではなく相続税財産評価（いわゆる路線価等）で評価します。含み益が大きい会社は非常に高く評価されることがあります。

　類似方式は，同業種の上場株価などをベースに国税局が示す参考株価をもとに，会社の配当実績や利益などを比較して算定していく方法です。一般には類似方式の方が安く評価されますが，純資産方式と類似方式の評価割合は会社の業種と規模によって異なります。

　現在は後継者のいない中小企業も増えており，第三者へ会社を売却するM&Aも盛んに行われています。M&Aの売買金額を評価する際には，買い手は対象会社の収益性などを重視して独自に評価します。税法上の評価額がそのまま採用されるわけではありませんが，売り手側の会社としては税法上の株価（純資産価額）が売り価格の目安となるため，経営者は自社株式価額の増減には大きな関心を持ちます。

　税理士としては，毎期の決算・申告だけでなく，決算後は株式評価額を客先に報告することが一般的です。特に純資産方式の占める割合が大きい会社で所有不動産が多い場合は，地価動向に左右されるため，不動産評価を正確にこなさなければなりません。

② 不動産の売買・賃貸借・有効活用

(1) 取得・譲渡

① 身内の売買

　8月上旬の金曜日，Aさんは客先である株式会社△△を事務所の自動車で訪問します。この会社は○○市郊外に広がる古くからの住宅地域にあり，1階が営業所，2階が社長の自宅である営業所兼居宅の造りです。

　税理士法人××の事務所から1時間ほど運転しなければなりませんが，Aさんはスマホからブルートゥースで飛ばして好きな音楽を車内で聴けるため，苦になりません。帰路にサービスエリアのスタバに寄って一息つくのも恒例の楽しみです。

　来週後半からは待ちに待ったお盆休みです。これと言って旅行などの予定はありませんが，大学時代の友人数人と飲み会があり，幹事役を引き受けています。

　営業所の一角に設置された応接スペースは玄関を入ったすぐ横にあり，エアコンの冷気が届きにくいのが難点です。南側の窓からは夏の熱気が伝わってきます。

　15分程度で月次報告も終わり，特に目新しい会計取引もないことから，そろそろ帰ろうと挨拶しかかったところ，応接ソファに奥深く座っていたD社長が身を乗り出し，両手で待ったをかけます。

「もう1つ，相談があるんだよ。妹がね，会社が妹から借りている土地を買ってくれないかと言ってきてね」

「私が今，車を停めているあの土地ですか？」

「そうそう。それと裏にある駐車場も。それで売買金額はいくらが適当だろうか？　適当に見つくろってもらえないかね？」

　D社長は半身をひねらせ，右手を窓の反対方向へ突き出し，質問を投げかけてきます。

「同族間の売買ですから，本当は不動産鑑定士さんに鑑定をしてもらうのがいいのですが……」

　Aさんは中指でメガネを押し上げながら返答します。

「それぞれ15坪程度の土地で，この辺りは坪単価20万円程度だからね。大した額ではないし，余計な費用もかけたくないよ」

　D社長は右手をひらひら振って，気のない返事を寄こします。

「あっ，ただし，税務署に文句言われないようにしてくださいね。もちろん，司法書士さんに頼んで，（所有権移転）登記はしっかりするつもりだよ」

「わかりました。先日，路線価が公開されたばかりですから，路線価を参考に『時価』をはじき出すことにします。少しお時間をいただきます」

　今日は早めに帰宅して，メールで飲み会の案内を友人に流すつもりだったAさん。早くこの件を片づけてしまおうと決め，事務所へ急いで戻ることにしました。

②　同族法人およびその関係者間取引

　不動産，特に土地を同族法人やその関係者間（会社と会社経営者との間，会社と会社経営者の親族との間など）で売買する際には，税務上の「時価」であることが必要です。売買取引金額と時価との差額は，役員給与があったなどと後日，税務署から追徴対象とされることがあるからです。

　本来は，不動産鑑定士による不動産鑑定評価を実施したり，厳密に地価公示価格などに準拠した価額を求めたり，取引価額が時価であることを証拠として残しておく方が安全です。

　しかしながら，客先は会計事務所に時価を簡易に求めてくれと依頼してくることが少なくありません。路線価地域に土地がある場合，「路線価÷0.8」で時価を求めることがあります。国税庁が路線価は地価公示ベースの8割水準であると公言しているので，この手法で大きな誤差は出ません。

ただし，土地の形がいびつであったり，道路との高低差が大きかったり，面積が大きいなど特別な場合は，時価とはならないこともあるので要注意です。

(2)　賃貸借・有効活用

①　借地権課税に注意

　11月上旬の水曜日，Ａさんは客先の▽▽運輸株式会社に向かいます。

　この会社はもともと個人で事業をしていましたが，売上が拡大し，従業者数も増えたことから20年前に法人成りしました。今では年間売上10億円を超え，税理士法人××の顧問先でも売上規模が大きい部類に入ります。

　社長のＥさんは60歳を超えていますが，今でも朝一番に出社し，会社の玄関口を掃除するのが日課です。会計事務所の打ち合わせも午前9時を指定してくるので，Ａさんは自宅から直行で向かいます。

「社長，おはようございます。早速ですが，年末も近づいているので，年末調整の件で資料のご用意をお願いしたいと思いますが……」

「もう1年が終わっちゃうんだね。それで来年のことなんだけどね。自宅を取り壊して，新しく会社の倉庫を建てることにしたんだ。あの土地は私所有の土地で，会社に貸すことになるので，地代を取りたいと思っているんだけど，いくらがいいですかね？」

「えっ，あのご自宅，取り壊されるのですか？」

　Ａさんはミーティンググルームの窓越しから隣にある家を眺めます。庭には柿の木が3本ほど植わっており，枝には赤い実が数個ぶら下がっています。時々，お土産に柿を頂くこともあります。

「そうなんだ。もう築50年。親父が建てた家で，だいぶ中は傷んでいるんだよ。新しい土地はもう用意してあるし，そもそも会社の近くに住んでいる理由も少なくなってきたんでね」

　Ｅ社長はそう言うと，缶コーヒーのプルタブを引き，一口飲みます。

「社長個人の土地に，会社が建物を建てるとなると，借地権課税に注意しな

ければなりません。地代が安かったりすると権利金相当額の授受があったものと認定されることもあるのですよ」

　Aさんは持ち歩いているタブレットを取り出し，借地権関連のウェブを確認しながら説明します。

「へえー。何か難しそうだね。よくわからないので，その点はしっかりチェックをお願いしますね」

　E社長は腕組みをしてソファの奥深くに座ったまま関心なさそうに返答しました。

②　相当の地代

　経営者個人所有の土地上に，会社所有の建物を建てて，店舗や事務所，工場などとして事業に供することは珍しくありません。経営者にとっては会社は自らの分身であり，区別があいまいになりがちですが，税務においては法人個人の区別はしっかりとしておく必要があります。

　個人所有土地に法人所有建物が建てられると，税務上は借地権の設定があったものとみなされ，一時金の授受が当事者間でない場合（あるいは一時金の授受があっても少額な場合）は，権利金の認定課税問題が浮上してきます。建物所有目的の借地権は非常に強固な権利であり，このような権利を一時金の授受なしに第三者間で設定することはないというのが税務当局の見解です。

　権利金の認定課税を防ぐ手段として利用されるのが，法人税法上の「相当の地代」です。簡単に言えば，土地の相続税財産評価額をもとに一定の利率（年6％）を乗じて，年間の支払地代を求めます。相当の地代を授受していれば，権利金相当額の認定課税は行われないことになっています。

　このような法人借地人・個人地主の関係は，実務上，数多く目にします。客先に対して的確に土地賃貸借関係のアドバイスを行い，条件によっては相当の地代ルールに従って，地代額を計算しなければなりません。

③ まとめ

　税理士が不動産を評価する場面は必ずしも相続等に限らないことがおわか
りになりましたか？　経営者やその親族が株主となっている同族法人では，
いろいろなシーンで税理士が不動産評価の知識を活用してアドバイスするこ
とになります。

　本書では，第1章で不動産の基礎知識を紹介し，第2章からは具体的な不
動産の評価を説明していきます。かつては不動産の評価業務は役所に出向き，
さまざまな調査を必要としていましたが，最近はウェブが充実し，多くの
データがネット上で取得できます。そのため，税理士にとって有用なサイト
情報を巻末で紹介します。

不動産の基礎知識

不動産を評価するに際しては，不動産に関する法律，規制，税制などの基礎的知識を学ぶ必要があります。不動産は，原材料，商品・製品，機械，車両などの財と同じく人の生活・経済活動で利用されるモノの1つですが，1つひとつの不動産が高額であることが一般的です。そのため，他の財とは異なる不動産特有の要因があり，売買など取引で成立する価格も他の財と比べてわかりにくい面があります。

この章では，不動産に関する初歩的知識を整理します。

① 不動産とは

(1) 不動産の分類

① 民法上の定義

「不動産」は日常生活でもよく使われる言葉です。一般的には，不動産とは「土地」と「建物」の2つに分類されます。不動産の定義は民法に規定があり，「土地及びその定着物は，不動産とする」(86条1項) と定められています。

不動産 (英語ではreal estate) は，動産 (estate) と対立する概念です。動産は「不動産以外の物は，すべて動産とする」(同条2項) と規定されます。英語でも「真実の財産」と表現されることから，特別な財と認識されていることがわかります。

不動産は文字どおり，動かすことのできない財産であり，「土地」は地面を中心に一定範囲の上下にその所有権が及び，不動産登記簿で「筆」単位で表現されます。「定着物」は樹木や構築物など土地に固定され，動かせないものですが，そのうち，建物は土地とは別個の不動産と認識されます。土地と建物が別の不動産であることは，税理士が税務上，不動産を評価する上で重要な事項です。

② 土　地

土地は，建物が存する土地である宅地，田・畑などの農地，自然樹木が生い茂る山林などに分類されます。地学的な分類では，その存在位置によって，丘陵地，台地，平地，低地，干拓地・埋立地などに分類されます。

土地は (生活・事業を問わず) 人間活動のすべてに関わる基礎的な財産であり，一般の財と比較して，地理的位置の固定性・不動性 (動かすことがで

きない），永続性（朽ちて無くなることがない），不増性（量が増えることがない）などの特性を持っています。

　会計上，土地は減価償却の対象とならない「非減価償却資産」であることも重要です。事業者が土地を1億円で取得した場合，1億円の簿価が，譲渡されるまでずっと貸借対照表に計上されます（**図表1−1**参照）。

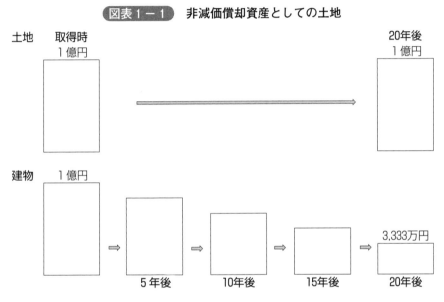

図表1−1　非減価償却資産としての土地

＊簿価は，毎年，減価償却費相当額減少していく

　土地の「時価」はその存在する地域によって，時間とともに価値が上昇したり下落したりします。地価上昇のため簿価よりも時価が上回った場合，その上回った部分が「含み益」，逆に簿価よりも時価が下がった場合，その下がった部分が「含み損」となります。

　モノの市場価値は需要と供給のバランスで成立しますが，土地の市場価値は供給量が限られ，需要量に大きく影響される傾向があります（山林などを切り開き，宅地開発し，宅地供給することはありますが，絶対供給量は限られます）。

マイホームを買い求める一般的な市民にとっては，土地は居住用家屋とともに一生に一度あるかないかの大きな買い物（＝財産）といえます。

③　建物（建築物）

建物は，建築基準法で「土地に定着する工作物のうち，屋根及び柱若しくは壁を有するもの」（2条1号）と規定されます。居宅，店舗，事務所，工場，倉庫など用途による区分のほか，木造・鉄骨造・鉄筋コンクリート造など構造による区分があります。構造による区分が用いられるのは，物理的耐用年数と建築単価が大きく異なるためです。

建物は不動産登記簿によって「棟」単位で表現されますが，土地と異なり，建築工事開始から完成まで，いつの段階で建物と認定されるのか，また老朽化が進み朽ち果てると，どの段階で滅失するのかという問題が発生します。土地と異なり，物理的な寿命があるのです。

会計上，建物は減価償却資産ですが，その耐用年数は機械や車両などと比較して，長期間に及びます。たとえば，鉄筋コンクリート造の住宅は，財務省の定める法定耐用年数で47年です。税法上，建物（附属設備および構築物を含みます）は，減価償却方法が「定額法」（例：取得価額100万円，法定耐用年数10年の場合，毎年の償却費は10万円）しか認められず，減価償却期間が長期に及ぶだけでなく，毎期一定額しか償却費として計上できません。

最近建てられている建築物は，物理的には長期の使用に耐えうるものの，設備の進歩，設計・意匠の陳腐化が早いことなどから，法定耐用年数を迎える前に建て替えられることが少なくありません。当然，時価と簿価との差額が発生し，含み損が発生する可能性が高いといえます。

☕ Coffee break

相続財産に占める不動産の割合

　国税庁が公表する「令和4年分相続税の申告事績の概要」によれば，相続財産のうち，不動産（土地・家屋）の占める割合は年々減少傾向にあります。

　これは相続税額のある申告書のデータに基づき，集計したものですが，平成25年で土地は41.5％，家屋5.2％であったのが，令和4年ではそれぞれ32.3％，5.1％まで低下しています。平成4年バブル期の頃は土地だけで75％程度でした。

　かつて不動産は相続財産の大部分を占め，富の象徴であったものですが，不動産の資産としての地位低下が明らかとなっています。近年，相続財産で割合が増えているのは現預金です。日本では，30年以上にわたり，モノの価値が下がるデフレであった証拠といえるのかもしれません。

(2)　不動産登記制度

①　不動産登記とは

　不動産は，登記制度により管理されていることも大きな特徴です。不動産登記制度とは，不動産（土地または建物）の面積等の現況情報や，所有者等の権利情報を法務局で管理し，登記事項証明書（登記簿謄本）で明らかにする（公示といいます）ためのものです。土地は1筆，建物は1棟ごとに登記情報が編纂され，権利関係の状況が誰にでもわかるようにされ，取引の安全性が図られています。

　具体的には，各地に法務局があり，管轄する区域内の不動産を登記対象として管理しています。なお，登記制度は法人（会社）に関する登記もあり，商業・法人登記に関する管轄区域は，必ずしも不動産登記の管轄区域と同一ではありません。

② 登記事項証明書（登記簿）の見方

　登記事項証明書は，「表題部」と「権利部（甲区）」，「権利部（乙区）」に分けて記載されます（**図表1－2**参照）。

図表1－2 登記事項証明書

表題部（土地の表示）			不動産番号	18360000XXXXX-0000
所在	A市B町二丁目			
①地番	②地目	③地積 ㎡	原因及びその日付（登記の日付）	
8番10	宅地	236.56	8番1から分筆 （昭和54年3月10日）	
権利部（甲区）（所有権に関する事項）				
順位番号	登記の目的	受付年月日・受付番号	権利者その他の事項	
1	所有権移転	昭和54年3月12日 第8337号	原因 昭和54年3月10日売買 共有者 A市B町四丁目○番地 　　　　持分5分の4 　　　　○× ●× 　　　　A市C町三丁目×番地 　　　　持分5分の1 　　　　○○ ××	
権利部（乙区）（所有権以外の権利に関する事項）				
順位番号	登記の目的	受付年月日・受付番号	権利者その他の事項	
1	抵当権設定	平成31年1月21日 第2211号	原因 平成30年10月4日保証委託契約に基づく求償債権平成31年1月21日設定 債権額 金4,100万円 損害金 年14.0%（年365日日割計算） 債務者 A市B町四丁目○番地 　　　　○× ●× 抵当権者 名古屋市中区栄三丁目●番×号 　　　　●●信用株式会社 共同担保 目録（ふ）第9010号	

　表題部には不動産の物理的状況が明記されます。土地は所在，地番，地目，

地積等が記載されます。建物は所在地，家屋番号，種類，構造，床面積等が記載されます。

　権利部（甲区）は，売買・相続など所有権の移転登記や差押登記など所有権に関する事項が記録され，所有者の移り変わりを確認することができます。

　権利部（乙区）は，所有権以外の権利が記録され，借入金の担保である抵当権や，不動産を借りている権利である賃借権や地上権等の設定が確認できます。権利部（乙区）は，所有権以外の権利が設定されていない場合は，編纂されません。

　マンションに代表される区分所有建物は，各専有部分（マンションの場合，売買単位となる1区画の部屋）を1つの不動産とする形式で登記されます。この場合，区分所有建物の登記事項証明書には，1棟の建物の表題部（建物全体＋土地全体）と一専有部分の表題部（専有部分の建物床面積＋土地の敷地権）が記載されます（**図表1－3**参照）。

図表1－3　区分所有建物（専有部分）の登記事項証明書

表題部（専有部分の建物の表示）				不動産番号	1836000XXXXX-0000
家屋番号	A市B町二丁目21番1102				
建物の名称	1102				
①種類	②構造		③床面積　㎡	原因及びその日付（登記の日付）	
居宅	鉄筋コンクリート造1階建		11階部分　39.48	平成23年4月22日新築 （平成23年5月17日）	
表題部（敷地権の表示）					
①土地の符号	②敷地権の種類	③敷地権の割合		原因及びその日付（登記の日付）	
1	所有権	1万5724分の634		平成23年5月10日敷地権 （平成23年5月17日）	
所有者	○○○○				

③　推定力と公信力

　登記制度が難解であるのは，登記事項証明書に記載されている情報がすべ

て正しいわけではなく，登記上の所有者が必ずしも真実の所有者というわけではないことです。

そもそも所有権移転などの登記をするかしないかは義務ではありません。登記簿に記載されている権利関係は，一応その内容が真実であると推定されるにすぎません（これを登記の推定力といいます）。

不動産登記簿を信用して取引したとしても，権利を取得できないこともあるわけです（登記に公信力がないといいます）。もっとも，登記には第三者への対抗要件が備わっており，当事者以外の第三者に自己の権利を主張する法律要件となっています。

いずれにせよ，不動産の権利関係と登記制度は非常に奥の深いテーマであり，実務上，複雑な案件は登記のプロである司法書士の手助けが必要です。相続が発生した際に，被相続人の所有不動産を登記簿だけで拾い出すことはできないのです。

所有権移転登記などは基本的に権利変動があったときにすみやかに法務局で手続をすべきですが，登記をしなくても罰則があるわけではありませんでした。しかし，相続に関しては令和6年4月から相続登記の義務化が開始されました。令和8年4月からは所有者の住所・氏名に変更があった場合の変更手続も義務化が予定されています。

(3) 不動産に関する税金

① 種 類

不動産に関わる税金は多岐にわたります。場面別では，取得段階（売買等による取得・新築・相続・贈与），保有段階，譲渡段階でそれぞれ国税・地方税が課税されます（**図表1－4**参照）。

税金を徴収する側にとっては，不動産はその存在の確認がほぼ完ぺきに可能であり，その権利異動も不動産登記制度によって捕捉が容易であるという利点があります。

不動産に権利異動があり，登記に反映された場合，法務局が税務当局にそ

の異動内容を通知する仕組みが確立されています（異動通知といいます）。また，権利異動の際には，比較的多額の金銭授受を伴うのが一般的であり，税金を課税しやすい面もあります。

図表 1 － 4　不動産に関する税金一覧

課税場面	税金の種類	国・地方税区分	備　考	基礎となる評価額
取　得	登録免許税	国　税		固定資産税評価額
	不動産取得税	地方税（都道府県）		固定資産税評価額
	相続税	国　税		相続税評価額
	贈与税	国　税		相続税評価額
	印紙税	国　税		
保　有	固定資産税	地方税（市区町村）		固定資産税評価額
	都市計画税	地方税（市区町村）		固定資産税評価額
	所得税	国　税	不動産所得	
	住民税	地方税（都道府県・市区町村）	不動産所得	
譲　渡	所得税	国　税	譲渡所得	
	住民税	地方税（都道府県・市区町村）	譲渡所得	
	印紙税	国　税		

＊消費税を除く

②　評　価

　不動産に関する税金が，他の税金と異なる最大の特徴は「評価」が必要なことです。評価をする主体は大きく分けて，自治体と税理士（会計事務所）の２つとなります。

③　固定資産税評価額

　固定資産税評価額を決定するのは，固定資産税の課税権者である市町村（東京都特別区は東京都）です。各市町村がそれぞれ自由に独自のルールで土地・建物を評価しているわけではなく，総務省が定める「固定資産評価基

準」に準拠して評価することが地方税法で義務づけられています。

　土地に関しては，地域状況が類似のエリア単位で標準宅地が設定され，不動産鑑定士が標準宅地を鑑定評価し，その評価額を基準に，市町村が路線価等を算定し，各筆を評価します。市町村担当者は土地評価の専門家ではないため，多くの自治体は各筆の評価を専門評価会社に委託しています。

　建物に関しては，固定資産評価基準で「木造家屋」と「非木造家屋」とに分類して，評価手順を定めています。木造家屋の場合は，以下のような算式で計算します（実際はもっと複雑ですが，ここでは単純化しています）。

評価額 ＝ 再建築価格 × 経年減点補正率

　再建築価格とは，評価時点に対象家屋と同一のものを建築するとした場合に必要とされる建築費を意味し，経年減点補正率とは，家屋の建築後の経過年数に応じた残存価値率を表すものです。企業会計でいうところの未償却残高に近い概念です。

　再建築価格を求めるために，市町村の税務課職員が現地確認をしますが，小規模な市町村では木造以外の大きな建物を評価することは困難です。道府県でも不動産取得税課税のため建物を評価する場面があり，多くの市町村が道府県と連携して建物評価を分担し合っています。

　この固定資産税評価額は，固定資産税だけでなく都市計画税，不動産取得税，登録免許税の課税標準にも採用されています。これらの評価額は課税権者が納税義務者に賦課してくるため，実務的に税理士が関与することはありません。

④　相続税評価額

　一方，相続税・贈与税申告で不動産を評価する場合には，税理士が財産評価基本通達に基づいて，自らが評価額を求めなければなりません。

　もっとも建物は，自用家屋（＝所有者が居住するなど自らが使用している状況の家屋）は，「固定資産税評価額×1.0倍」が相続税評価額となり，固定資

産税評価額を準用するので，難しいものではありません。

　土地は，国税局が定める路線価，倍率などを利用して，その土地の形状，街路接面状況などを確認して，税理士が評価することになります。本書で説明する内容は，この相続税評価額の求め方に関する事項が中心となります。

② 不動産に関する法律

(1) 民　法

①　所有権

　不動産を含む物の所有権に関しては民法で規定されます。民法206条は「所有者は，法令の制限内において，自由にその所有物の使用，収益及び処分をする権利を有する」と所有権の内容を明らかにしています。

　土地で説明すると，土地の所有者は，自己所有の土地に建物を建てて住むなど自由に使用する権利（使用権），土地を第三者に貸して賃料を得る権利（収益権），そして土地を第三者に売却して代金を得る権利（処分権）を持っています。

②　所有権以外

　所有権以外では，不動産を第三者から借り受けて使用する権限である地上権や賃借権などが，また第三者に金銭を貸し付ける際にその保証として担保権を確保するための抵当権などがあります。

(2) 借地借家法

　建物所有を目的として，お金を支払って宅地を借り受ける場合や，建物を借り受ける場合は，民法の特別法である借地借家法が適用されます。借地借家法に基づく借地権と借家権はかなり強い権利であり，これらの権利が付着

している不動産の相続税評価額を求める場合には，その内容をよく確認しなければ正確な評価はできません。

(3) 都市計画法・建築基準法

① 土地は公共財

自己所有の土地であるからといって，自由に建物が建てられるわけではありません。土地は非常に公共性の高い財と認識され，日本の国土を調和ある形で発展させる目的で各種法律によってさまざまな規制があります。

その中で基本的な法律が都市計画法と建築基準法です。都市計画法は，市街地整備のルールを定めた法律であり，これに基づいて道路・公園・上下水道の各種施設が整備されることになっています。建築基準法は，建築物の敷地・構造・設備・用途に関する基準を定めた法律で，都市計画法で定められた用途地域にどのような建物が建てられるかなどを規定しています。

② 都市計画

都市計画区域は，都市計画法に基づいて都道府県知事が指定します。都市計画区域内は，無秩序な市街化を防止し，計画的な市街化を図るために市街化区域と市街化調整区域とに区分されます。これを「線引き」といい，線引きされていない都市計画区域を「非線引き区域」といいます。

市街化区域は，すでに市街地を形成している区域と，おおむね10年以内に優先的かつ計画的に市街化を図るべき区域です。市街化区域では，店舗・居宅などの建築物が建築されるだけでなく，道路・公園・学校など公共施設が整備されます。

市街化調整区域は，市街化を抑制すべき区域と規定され，市街化区域と異なり，原則として建物の建築や宅地造成工事などは認められません。市街化調整区域の多くは農地・山林などが広がっていることが一般的です。これらを整理したものが**図表1-5**です。

図表 1 - 5　都市計画区域等の関係図

都市計画区域外（＊）		
都市計画区域 非線引き区域	市街化調整区域	
	市街化区域	

＊準都市計画区域を定めることができる

③　用途地域

　市街化区域は用途地域を定めることとされ，市街化調整区域については原則として用途地域は設定されません。非線引き区域内は，必要があれば用途地域が定められます。用途地域は13種類の地域があり，系統別に住居系が8つ，商業系が2つ，工業系が3つに大別できます。

　用途地域ごとに建築基準法によりその地域に建てられる建築物の用途が制限され，都市計画に沿った街並みが維持されるよう図られます。用途地域の主な建築制限一覧は**図表 1 - 6**のとおりです。

　用途地域では別途，建ぺい率（建築物の建築面積の敷地面積に対する割合）や容積率（建築物の延床面積（建物の各階の床面積の合計）の敷地面積に対する割合）が定められます。建ぺい率と容積率の具体的な例示は**図表 1 - 7**のとおりです。

　そのほか，防火地域や準防火地域など建物を建築する際に耐火構造が義務づけられるエリアや，風致地区，景観地区など自然・景観などに配慮することを求める規制などがあります。

図表 1 − 6　「用途制限」一覧（建築基準法48条各項，別表第2）

用途地域 建築物	住宅地								商業地		工業地		
	第1種低層住居専用	第2種低層住居専用	第1種中高層住居専用	第2種中高層住居専用	第1種住居	第2種住居	準住居	田園住居	近隣商業	商業	準工業	工業	工業専用
① 神社・寺院・教会等・保育所等・公衆浴場・診療所	○	○	○	○	○	○	○	○	○	○	○	○	○
② 住宅・共同住宅・寄宿舎・下宿	○	○	○	○	○	○	○	○	○	○	○	○	×
店舗兼用住宅（店舗等の床面積が一定規模以下のもの）	○	○	○	○	○	○	○	○	○	○	○	○	×
図書館・博物館・老人ホーム・身体障害者福祉ホーム等	○	○	○	○	○	○	○	○	○	○	○	○	×
③ 幼稚園・小学校・中学校・高等学校	○	○	○	○	○	○	○	○	○	○	○	×	×
④ 大学・高等専門学校・専修学校・各種学校・病院	×	×	○	○	○	○	○	×	○	○	○	×	×
⑥ 床面積の合計が150㎡以内の店舗・飲食店等	×	△	○	○	○	○	○	△	○	○	○	○	△
⑦ 床面積の合計が500㎡以内の店舗・飲食店等	×	×	○	○	○	○	○	×	○	○	○	○	△
⑧ 物品販売業を営む店舗・飲食店	×	×	×	△	△	○	△	×	○	○	○	△	×
⑨ 事務所等	×	×	×	×	△	○	○	×	○	○	○	○	○
⑪ ボーリング場・スケート場・水泳場・スキー場・ゴルフ練習場・バッティング練習場	×	×	×	×	△	○	○	×	○	○	○	○	×
⑫ カラオケボックス等	×	×	×	×	×	○	○	×	○	○	○	○	○
⑬ マージャン屋・ぱちんこ屋・射的場・勝馬投票券発売所等	×	×	×	×	×	○	○	×	○	○	○	○	×
⑭ ホテル・旅館	×	×	×	×	△	○	○	×	○	○	○	×	×
⑮ 営業用倉庫・自動車車庫（3階以上または床面積の合計が300㎡を超えるもの）	×	×	×	×	×	×	○	×	○	○	○	○	○
⑯ 劇場・映画館等（客席部分の床面積200㎡未満）	×	×	×	×	×	×	○	×	○	○	○	×	×
⑰ 劇場・映画館等（客席部分の床面積200㎡以上）	×	×	×	×	×	×	×	×	○	○	○	×	×

△：一定規模以下のもの，あるいは一定の用途に限り，建築できる

×：建築できない用途

○：建築できる用途

図表 1 - 7　建ぺい率と容積率

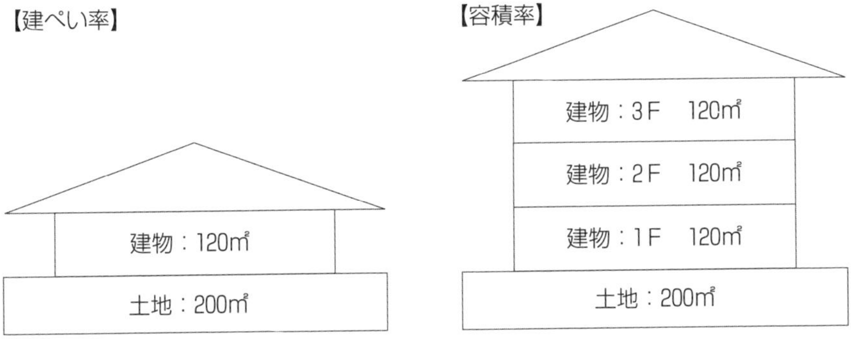

【建ぺい率】

建物：120㎡

土地：200㎡

120÷200×100＝60%
建ぺい率：60%

【容積率】

建物：3F　120㎡

建物：2F　120㎡

建物：1F　120㎡

土地：200㎡

（120＋120＋120）÷200×100＝180%
容積率：180%

③　財産評価制度

(1)　財産評価と時価

①　財産評価とは

　相続，遺贈または贈与（以下「相続等」といいます）によって財産を取得した場合，財産を取得した者は，取得した財産の価額をもとに計算された相続税や贈与税を支払う義務が生じます。相続税等の計算上，まず被相続人所有の財産の価額を把握するため，財産を評価することを「財産評価」と呼び，相続税申告実務上は非常に大きなウエイトを占めます。

②　相続税法

　財産評価に関しては，相続税法と財産評価基本通達に各種規定が定められています。

　相続税法22条は，「相続，遺贈又は贈与により取得した財産の価額は，当該財産の取得の時における時価」によることとされ，時価が財産評価の基本

となることが明記されています。

　しかしながら，相続税等の課税対象となる財産は，現預金や土地，家屋など不動産以外にさまざまなものが含まれます。現預金であれば，時価は課税時期の額面そのものでわかりやすいですが，土地等の時価は誰もがすぐに把握できるものではありません。また，人によって評価方法が異なると，仮に同じ土地を相続しても，財産評価額に差異が生じて結果として税額自体もバラつき，公平とは言い難くなります。

③　財産評価基本通達

　そのため，国税庁は，「財産評価基本通達」（以下「評価通達」といいます）を定め，各種財産評価の統一を図り，納税者に評価方法を明確に示す方法を採用しています。評価通達は土地，家屋をはじめ，構築物，動産，無体財産権など，およそ相続税等が課税されるほとんどの財産を評価するための指針となっています。

　評価通達では，財産の価額は，時価によるものとし，時価とは，課税時期（相続等により財産を取得した日または相続税法の規定により相続等により取得したものとみなされた財産のその取得の日）において，それぞれの財産の現況に応じ，不特定多数の当事者間で自由な取引が行われる場合に通常成立すると認められる価額をいい，その価額は，この通達の定めによって評価した価額によると定めています。

(2)　時価と地価公示価格

①　土地の時価

　土地の時価については，「不動産鑑定評価基準」上の「正常価格」に近い概念といえます。正常価格は，「市場性を有する不動産について，現実の社会経済情勢の下で合理的と考えられる条件を満たす市場で形成されるであろう市場価値を表示する適正な価格」と規定され，通常の土地売買取引で成立する価格（＝「客観的交換価値」）を示すものと言われています。

②　地価公示制度

　そうは言っても，相続税や固定資産税の土地評価で何が「時価」であるのかを判断するのは難しい面があります。都市部では土地需要が高く，売買も頻繁に行われる一方，人口減少・過疎化・高齢化が進む地方では，土地売買は極めて少数しかありません。

　相続税や固定資産税の課税上の土地評価額に関する訴訟は平成初頭のバブル崩壊以降，頻発し，多くの裁判がありました。それらの判決が出た結果，現在では法律上あるいは税務上の時価は地価公示価格水準であることが明確化しています。したがって，土地に関しては，時価＝地価公示価格といえます。

　地価公示は，国土交通省が地価公示法に基づいて，毎年１月１日時点の地価を不動産鑑定士に鑑定評価をさせ，その結果を３月下旬頃に公表する制度です。その目的は一次的には，一般の土地取引の指標を示すものとされていますが，次項(3)で示す相続税路線価評価等の課税評価にも活用されます。令和６年（2024年）地価公示では全国で26,000地点に設置されています。公示価格は，土地について，自由な取引が行われるとした場合におけるその取引において通常成立すると認められる価格（正常な価格）と規定されています。

　国土交通省ホームページ「不動産情報ライブラリ」を利用すれば全国の地価公示地点の情報を入手できます（**図表１−8**参照）。

図表１−8　地価公示の例

標準地番号	千代田−1
調査基準日	令和６年１月１日
所在・地番	東京都千代田区三番町６番25
価格（円／㎡）	3,600,000（円／㎡）
交通施設，距離	半蔵門，500m
地積（㎡）	969（㎡）
形状（間口：奥行）	(1.0：1.5)
利用区分，構造	建物などの敷地，SRC10F

(3) 土地の評価方式

① 路線価の意義

　土地評価の方法は，宅地については路線価方式と倍率方式の2つがあります。ここでは路線価を説明します。

　路線価は，納税者が相続等で宅地を取得した際に，評価通達に基づいて宅地を評価するように各国税局が公表している宅地の1㎡当たりの単価を示したものです。

　路線価方式は，市街地的形態を形成する地域で適用されるとされ，市街化区域や非線引き区域で用途地域の定めのある区域に路線価が設定されていることが一般的です。

　具体的に例示すると**図表1－9**で，対象土地は「100E」の路線に接面しています。100は1㎡当たり100,000円（100千円）の意味であり，路線価は常に千円単位で示されます。対象土地が100㎡であれば，1,000万円となります（＝100千円×100㎡）。

　なお，路線価の価格は地価公示価格水準の8割と定められています。近傍の地価公示価格が125千円であれば，路線価は100千円（＝125千円×80％）となります。

図表1－9　路線価

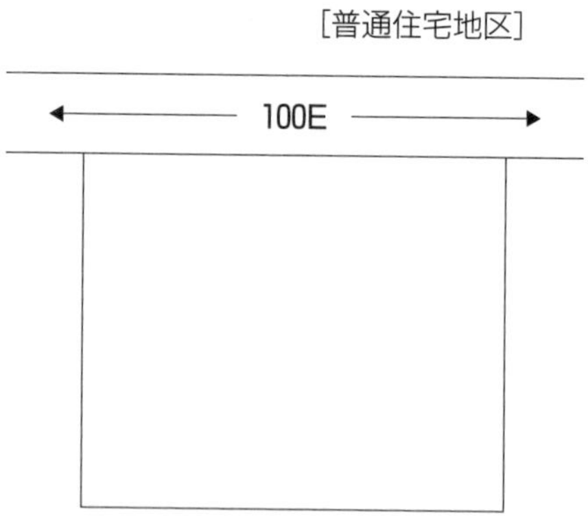

[普通住宅地区]

　路線価が地価公示価格の 8 割水準とされたのは，路線価等は毎年 1 月 1 日を価格基準日として評価され，同年 1 月 1 日から12月31日までの 1 年間に課税時期を迎えた人が利用するためです。

　同一年に相続等が発生した場合は，発生時期にかかわらず同一路線価に面した土地であれば，すべて同じ単価（路線価）を採用します。本来は，「課税時期の時価」で評価することが原則ですが， 1 日単位で路線価等を定めることは物理的に不可能です。

　とはいえ，地価は時間の経過につれ，価格が上がったり下がったりします。地価が上昇局面であれば，年末に相続が発生しても 1 月 1 日時点の価格で土地が評価されるので，「割安」な評価額で済みます。

　しかし，地価が下落している場合は，年末の相続でも割高な 1 月 1 日時点の価格で評価しなければなりません。すると，年末の相続では「時価」より高い評価額で税金が計算されてしまう事態になりかねません。

　そこで，相続税評価額が時価である地価公示価格を上回らないように，あえて地価公示価格より 2 割低い水準に抑え，配慮を施しました。仮に地価が下落している状況であっても， 1 年間で20％以上下落しなければ，12月31日に相続が発生した場合でも，路線価が地価公示価格より高くなることはありません。

②　倍率方式

　一方，倍率方式とは，市町村長（東京都23区内は東京都知事）が決定した固定資産税評価額に，国税局長が一定の地域ごとにその地域の実情に即するように定める評価倍率を乗じて計算した金額によって評価する方式をいいます。路線価がない地域では，この倍率方式を使って，宅地の相続税評価額を求めます。

　ある地域の宅地倍率が「1.1倍」と指定されている場合，この宅地の固定資産税評価額に1.1倍したものが相続税評価額となる仕組みです。

③　路線価の決定方法

　路線価を含めた評価倍率表など，評価通達に従って各種財産を評価する際に使用する資料のことを「財産評価基準書」と呼びますが，これは各国税局単位で作成しています。

　路線価と評価倍率は，毎年1月1日を評価時点として，地価公示価格，売買実例価額，不動産鑑定士等による鑑定評価額，精通者意見価格等をもととして算定した価格の80％により評価しているとされています。

　国税局は各地域に標準地を設定し，標準地の評価額をベースに路線価を算定していく手法を採用しています。このうちの一部は不動産鑑定士に鑑定評価を依頼します。鑑定評価を行う標準地では，一地点ごとに取引事例比較法や収益還元法といった評価手法を用い，各鑑定士が価格の決定作業を行い，最終的には不動産鑑定評価書を作成し，各国税局に納入されます。

④　路線価公開

　以上の手順を経て，毎年7月1日に全国一斉に路線価等（国税庁ホームページ，路線価図冊子）が公開されます。同日に各国税局では各税務署管内の「最高路線価」を公表しています。新聞やテレビなどで全国最高路線価がどこかなどと報道されるのはこのためです。

　以前は8月過ぎに路線価が公開されていた時代もありましたが，お盆シーズンに相続人が集まる機会が多く，路線価の公開を早めて欲しいとの要望が強く，現在のスケジュールに落ち着きました。

　なお，国税庁のホームページで，路線価図コーナーは閲覧件数が多く，いかに路線価がよく利用されているかがわかります。もちろん，相続税や贈与税の計算のためだけに閲覧されているわけではありません。金融機関が土地の担保評価に利用したり，一般の市民が土地の相場を把握したりするのに広く利用されており，路線価は，国が国民に提供する「制度インフラ」としての機能を有しているのです。

第 2 章

評価の準備

··

　不動産を評価するためには，まず評価対象物件の確定が不可欠です。相続があった人（＝被相続人）の所有不動産（＝相続財産）をすべて拾い出ししなければなりません。被相続人が親族である相続人と一緒に居住していた場合は，相続人の誰かが，被相続人所有の不動産をほぼ正確に把握していることが一般的です。

　しかしながら，被相続人が親族と離れて生活していたり，親族との関係が疎遠であったりした場合，所有不動産のすべてを正確に拾い出すのは困難な場合も少なくありません。被相続人が所有していたと思い込んでいた土地が先代（あるいは先代以前）の名義のままという場合もあります。

　相続財産の把握を行うための準備は評価に際して重要な作業です。土地評価を行うためには，合理的で，現実的な認識と判断に基づいた一定の秩序的な手順を必要とします。この手順は，まず対象となる土地の確定（物的確定と権利の確定）から始まり，現地調査，評価資料の収集・整理を行い，評価明細書の作成・完成へと進みます。

① 対象不動産の拾い出し

(1) 基礎資料の入手

① 固定資産税課税明細

　まず初めに入手すべきは，被相続人名義の固定資産税課税明細（以下「課税明細」といいます）（**図表2－1**参照）です。土地家屋等を所有している人には毎年4月頃，その不動産が存する市区町村から課税明細が送付されます。しかし，固定資産税には免税点があり，市区町村（政令指定都市は区で判断）内に同一所有者がその所有する土地の課税標準額30万円未満，家屋は20万円未満であれば，課税がされず，課税明細も送られてきません。

　課税標準額は「名寄（なよせ）」単位で判定されます。名寄というのは，各種データを同一人物，同一企業などに対して特定のコードを与えて，統合することです。

　共有の場合は，単独所有の土地とは別に共有者単位で名寄されます。仮にA，B，Cの3人がそれぞれ単独所有，AB共有，BC共有，AC共有，ABC共有の物件が存在した場合，計7区分で名寄され，それぞれの課税標準額で免税点が適用されます。

　したがって，被相続人単独所有で名寄された課税明細だけでなく，共有単位のものが漏れていないかどうかの確認が不可欠です。多くの自治体は，共有者に対しては，そのうち筆頭者（持分が一番大きい人あるいは親族の年長者など）のみに課税明細を送付しているようです。最近では，共有者全員に課税明細を郵送する自治体もあります。

② 相続財産が漏れやすいケース

　結果として，課税明細だけに頼ると相続財産の計上漏れになってしまいや

　　令和 6 年度　土地・家屋課税明細

納税義務者　　○○　○○　様　　　　　　　　　　　　　　　　○○○　市

区分	物件の所在地	登記地目・課税地目・種類・構造	地積（㎡）・床面積（㎡）	評価額（円）
土地	○○町 1 番	宅地	宅地（住宅用地）	200	8,000,000
			小規模住宅用地	（200）	
家屋	○○町 1 番	居宅	軽量鉄骨造	120	4,000,000
	家屋番号：1 番		H12		

すいケースは，以下のように分類できます。

(i)　**遠方に山林や原野などを所有していた場合**

　被相続人が，居住地の存する市区町村とは離れた地域に山林や原野あるいは別荘地などを所有し，固定資産税が免税点以下のため，課税明細が送付されないケースがあります。その場合，相続人がしっかりと記憶しているか，不動産登記簿あるいは売買契約書などの記録が残っていない限り，計上漏れを起こしやすいのは仕方ありません。

　日本は今，所有者不明土地の数が非常に多く，社会問題となっていますが，そのうちの何割かはこのような意図しない形で相続登記がされず，所有者不明になってしまうようです。

(ii)　**単独所有土地とは別に共有地がある場合**

　共有不動産は，単独所有不動産とは別に名寄されますが，共有者を単に「○○外 2 人」などと記載して課税明細が作成されていると，受け取った親族は共有者の正確な構成がわかりません。被相続人がその共有者に含まれていることを失念し，相続財産が漏れてしまうことがあります。

　共有者は親族関係者だけとは限りません。地方では昔，集落や団体単位で所有していた不動産を，登記上，多くの人で共有していることもあります。

(iii)　**直系尊属所有地（いわゆる先祖伝来の土地）で名義変更未了の場合**

　何らかの理由で被相続人の先代（あるいはその前）の名義がそのまま残っ

ていることがしばしばあります。居住地である市区町村の場合，先代がすで
に亡くなっていることは把握しているので，「○○様相続人」などと記載し
て課税明細が送付されることが一般的です。

　この場合，先代名義の不動産は「遺産分割未了」の土地であることが多く，
被相続人の相続財産に含めるべきかどうかの判断が求められます。被相続人
の居住家屋敷地の場合は，「小規模宅地の課税価格の特例」などの取扱いに
も注意を払う必要が出てきます。

③　未登記家屋・滅失漏れ家屋

　課税明細で記載されている家屋も要注意項目です。家屋は土地と異なり，
不動産登記簿に登記されていないものが少なくありません。

　家屋の所有権保存登記をするのは，住宅ローンなどを組んで銀行からお金
を借りて居宅を新築するにあたり，担保権者である銀行が抵当権を設定する
ためという場合がほとんどです。自己資金で建物を建築する場合，わざわざ
登記費用を支払ってまで保存登記する人はほとんどいません。

　地方税法では，固定資産税の課税権者である市区町村が未登記家屋を固定
資産課税台帳に登録する仕組みを整えています。そのため，家屋に関しては
課税明細でその存在を確認することになりますが，その際，注意しなければ
ならないのは「滅失漏れ」です。

　古くなった家屋や使用しなくなった家屋は，所有者が取壊しをします。多
くの市区町村役所・役場（以下「市役所等」といいます）は，固定資産税の課
税時期である1月1日前後に航測会社に依頼して，航空写真を撮ったり，あ
るいは各地域の協力者から家屋新増築・取壊し情報を集めたりしていますが，
100％捕捉できるわけではありません。その結果，すでに取壊し済みで，存
在しない家屋が課税明細に残ったままという状況がたまに生じます。

(2)　ヒアリングと資料の依頼

①　不動産の確定

　以上の事項を整理し，基礎的資料を入手した後，相続人あるいは親族など
に不動産所有状況をヒアリングします。被相続人の配偶者が健在であれば，
前述した遠方不動産，共有関係など多くの事実を聞き出すことができる確率
が高まります。その際，課税明細は家族全員宛てのものを見せてもらう方が
無難です。

　場合によっては，固定資産税の名寄帳を市役所等から取り寄せる必要があ
りますが，相続人任せでは漏れが生じることもあります。早い段階で相続人
から委任状を取得して，税理士自ら市役所等に名寄帳の取得に出向くほか，
被相続人の名前で管理されている不動産がないかどうかの確認も必要となり
ます。

　不動産の範囲がある程度固まった段階で，それらの不動産の利用状況を
チェックします。居宅および居宅敷地，事業用不動産（自己事業用あるいは
貸付用），農地（自己利用あるいは貸付用），山林，雑種地などの区分を大まか
に聞き出します。

②　追加資料

　被相続人が不動産を賃貸借していたのであれば，被相続人の直近２，３期
分の確定申告書および不動産青色決算書や不動産収支内訳書，土地建物の不
動産賃貸借契約書などの提示をお願いすることになります。

　過去の相続登記未了不動産がある場合は，先代相続の際の遺産分割協議書
の有無なども確認します。

　相続人が被相続人と長期間，離れて暮らしていた場合や，その関係が疎遠
となっていた場合は，ヒアリングで詳細な状況を確認できないことがありま
す。

　相続税申告を的確に実行するには資料集めが欠かせません。相続税申告業

務は，被相続人の財産だけでなく，隠れた債権債務がないかどうかや，先代以前の財産を確認する業務です。相続人から少々嫌がられても，丁寧にその必要性を説明し，貸金庫や居宅の中に書類や資料の類が残っていないかどうかの確認を強く求めていきます。これは相続税申告のためだけではなく，被相続人の財産を漏れなく相続人に相続させる大事な手続なのです。

② 不動産の机上調査

(1) 評価資料の収集

① 評価資料の種類

不動産の評価資料としては，不動産登記情報，公図，建物図面，地積測量図，地役権図面など法務局で取得するもの以外に，住宅地図，ブルーマップなど独自に入手するもの，都市計画情報，ハザードマップ（土砂災害警戒区域などを含みます），埋蔵文化財包蔵地情報など役所で入手するものに分かれます。

② 登記情報

登記情報や公図などの資料は，現在，法務局オンラインサービスで取得できます。法務局窓口（オンラインで請求して窓口で受け取る場合を含みます）で受け取った公印添付の登記情報を不動産登記事項証明書といいます。

登記された情報の確認が目的の場合は，法務局登記情報提供サービスで，単なる登記情報を取得するのが便利です。登記情報提供サービスはネットを通じて，法務局が保有する登記情報をパソコン画面上で確認（印刷可）することができるもので，印刷した登記情報は，登記事項証明書と同じように表題部，権利部（甲区），権利部（乙区）が記載されています。登記情報の取得は，昔の不動産登記簿の「閲覧」に該当します（登記情報がデジタル化される

以前は，法務局へ登記簿原本を閲覧に出向くのが一般的でした）。

　登記情報提供サービスを利用するにはウェブ上で手続し，IDを取得します。登録費用は個人で300円，法人で740円かかりますが，利用費用は使った分だけを精算する仕組みです。不動産登記情報全部事項 1 件当たり331円，図面 1 件361円（いずれも令和 6 年 4 月時点）で，会計事務所の多くが登記情報提供サービスを利用しているようです。

　税務申告上，各種特例を受けるためには不動産登記事項証明書が必要でしたが，現在では「不動産ID」を利用することでわざわざ登記事項証明書の添付をしなくて済むケースが増えています。したがって，相続不動産の資料としては登記情報を取得すれば十分です。

　なお，不動産IDとは，不動産番号（13桁）と特定コード（ 4 桁）で構成される17桁の番号でルールに基づき管理される土地および家屋を特定するものです。もともと，土地は地番，建物は家屋番号がありますが，住居表示と地番は必ずしも一致せず，すぐには検索できないなど，わかりにくい点が指摘されていました。

　国土交通省の資料によれば，不動産IDは本格的なデジタル社会を迎えるにあたり，不動産デジタルトランスフォーメーション（DX）を強力に推進することにより，不動産市場の活性化と透明化を図る取組みと位置づけられています。

③　地図（公図）

　対象土地の物理的な場所を確定するには，地図と住宅地図による確認が欠かせません。地図とは，不動産登記法14条に規定される図面であり，土地の面積や距離，形状，位置について正確性が高く，境界を一定の誤差の範囲内で復元可能な図面です。

　一方，公図は，正確には「地図に準ずる図面」と定義され，不動産登記法14条地図が備え付けられるまでの間，これに代わるものとして法務局に備え付けられている図面です。

土地の境界や位置，形状等を大まかに示す図面で，明治政府が課税のために整理した旧土地台帳附属地図をもとにしているため，精度は低いものの，おおよその土地の物理的状況を確認できます。なお，公図は，縮尺・形状等が比較的正確な地域もあれば，まったくと言ってよいほど不正確な地域があります（方位すら異なることもあります）。

④　住宅地図

住宅地図は，大きな縮尺の地図上に公共施設の名称だけでなく，マンションや各種建物の名称や居住者名，番地など住居表示が詳しく表示され，周囲の状況を理解するのに便利な地図です。

株式会社ゼンリンが作成しています。以前は，おおむね市区町村単位で冊子として編纂されていましたが，今ではウェブ上の「ゼンリン住宅地図プリントサービス」が提供されています。

使用する頻度が高い場合は，プリントサービスを利用するのが便利ですが，たまにしか住宅地図を使わない場合は，公共図書館などでコピーを取得するしかありません。ただし，著作権の関係で図書館では1人1枚までしかコピーを認めないとするルールが採用されています。相続不動産が1つの市区町村で多くの地域にまたがっている場合は，プリントサービスを利用することになります。

公図が不正確な地域の場合，住宅地図でおおよその土地の形状や大きさ等を推測できます。なお，住宅地図は住居表示で表記されています。地番と住居表示が異なる場合には，公図と住宅地図とを照らし合わせないと正確な場所が特定できません。

大都市に限っては，住宅地図以外に，ブルーマップが販売されていることがあります。ブルーマップには地番と公図番号が記載されており，目的土地の場所を容易に把握できます。現地調査をする前にこれらを利用してその所在を地図上で明確にしておかなければ，いざ現地調査に行こうとしても目的地にたどりつけないことにもなりかねません。

☕ Coffee break

原野商法

　昭和40年代から50年代にかけて全国的に，ほとんど値上がりも開発も見込めない山林や原野を，あたかも将来，開発されて高値で転売できるなどと期待させて土地を買わせることが頻繁にありました。これを「原野商法」といいます。昭和40年代は，『日本列島改造論』（田中角榮元首相が著した書籍）で象徴されるように，全国で開発期待が高まり，地価は確実に上昇するという「土地神話」により，狂乱地価と呼ばれた時代でした。

　都市部に居住する人で原野商法により土地を取得してしまったケースは想像以上に多く，相続税申告を一定数手がけた税理士はほぼ間違いなく目の当たりにしていることがあるはずです。

　このような土地の公図を入手すると，街路が縦横に設置され，土地が整然と区画ごとに並んでいるものが少なくありません。角地は隅切りもあり，一見すると完成された立派な分譲住宅地のような観があります。しかし，グーグルなどの写真を見ると単なる山林であり，対象土地に近づくための道路すらないことが珍しくありません。当然，開発可能性は限りなくゼロです。

　現在の感覚では，なぜ，こんな所を買ってしまったのか理解に苦しみます。原野商法の業者の広告宣伝も人々の射幸心をあおったのでしょうが，当時の人々の土地に対するイメージが異常であったことは間違いなさそうです。

　なお，最近では「あなたの所有している土地を買い取ります」などと持ちかけ，巧妙な手口で測量費用や整地費用を請求したり，あるいは新たな土地を買わせたりする二次被害も増えています。

　価値の乏しい土地を持ち続けていた高齢者が「息子・娘に迷惑をかけたくない」，「自分の代で処分しておきたい」などと思う気持ちが，悪徳業者につけこまれる原因となっています。

　昔，原野商法で買わされた土地を持っているお客さんに，このような話が舞い込んできたら，慎重に注意深く対応するようにアドバイスしてあげるのも会計事務所の役割なのかもしれません。

(2)　ウェブの活用

①　グーグルマップ

対象土地および建物の場所を住宅地図・公図などで確認した後，グーグルマップで外観を下調べするのは非常に有効です。天空からの視点となり，縮尺も小さく，またグーグルマップ作成時期が過去時点である場合は，正確さにやや欠けますが，建物の戸数や大きさ，配置の状態などは把握できます。

特に建物の屋根に太陽光発電設備が存在するかどうかは，グーグルマップでなければ見落とします。現地で地面から上を見上げても発見できません。

農地の状況も住宅地図・公図と照らし合わせながらグーグルマップをのぞき込むと，実際に田・畑として利用されているのかどうか（農耕放棄地ではないか），あるいは道路から離れた場所にある山林の状況がどうなっているかなど概観をつかむことができます。前述の原野商法で取得した土地などの状況もグーグルマップでチェックします。

②　役所保有データ

対象土地に接面する道路が道路法および建築基準法上，どのような扱いになっているかの確認は不可欠です。建築基準法では，幅員4m未満の道路にしか接面しない土地は建物の建築が禁止されます。

ただし，幅員が4m未満であっても，建築基準法42条2項に該当する道路（2項道路といいます）であれば，「セットバック」をすることで建築が許可されます。当然，土地評価でも減額扱いされます。

また，4～6戸程度のミニ分譲戸建住宅では，行き止まり状の「私道」を設置し，建築基準法に定める「位置指定道路」の指定を受けていることがほとんどです（**図表2－2**参照）。この場合，居宅が建っている宅地以外にこの私道を評価する場面も出てきます。

図表 2 － 2　　位置指定道路

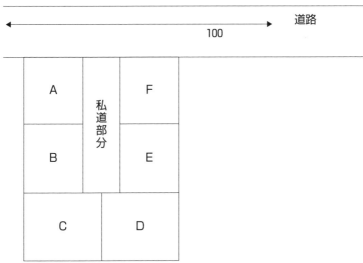

　さらに，対象土地が都市計画法上，どの用途地域に存するかの確認も必要
です。対象土地が一定規模以上である場合，「地積規模の大きな宅地の評
価」が適用できるかどうかが課題となりますが，その判断には用途地域や容
積率が大きく関わってくるからです。

　東日本大震災以降，熊本地震や豪雨水害が相次ぎ，地震・津波・地滑り・
地盤液状化・水害など自然災害に対する危機意識が強まっています。これら
の自然災害リスクは地価にも大きな影響を与えているため，市役所等が整備
している「ハザードマップ」を閲覧し，土砂災害警戒区域・土砂災害特別警
戒区域に指定されているかどうかをチェックします（**図表 2 － 3**参照）。

　これらの確認作業は，かつては市役所等に出向き，窓口で図面等を見せて
もらうか，備え付けのパソコン画面を使用して自分でチェックするしかな
かったのですが，今ではウェブで公開している自治体がほとんどです。

　事務所にいながら，各項目を調べることができるのは非常に便利です。た
だし，住所・地番を入力すれば，該当箇所がヒットしてくるシステムであれ
ば安心ですが，中にはウェブの地図を見ながら自分で場所を特定しなければ

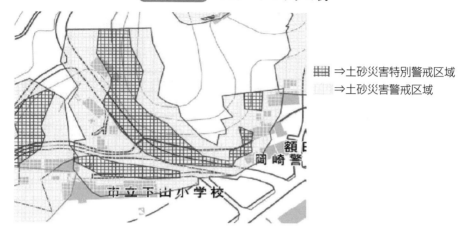

図表 2 - 3　ハザードマップの例

⠿ ⇒土砂災害特別警戒区域
⠿ ⇒土砂災害警戒区域

ならないこともあります。地図を見慣れない人は慎重に作業をしてください。できれば複数の担当者で確認することをお勧めします。

③　評価倍率表と路線価図

　国税庁のホームページで対象土地が所在する市区町村単位で評価倍率表を確認し，該当地域のページを印刷します。対象土地を路線価で評価すると指定されている場合は，該当箇所の路線価図も併せて出力します。

　路線価図は，あまり詳細に場所を特定できると個人情報保護やプライバシーの観点から問題であるとして，あえて道路形状が不明確で，また目的物も郵便局や学校程度しか記載していません。実務的には，住宅地図などで対象土地を確定しないと，路線価自体を読み間違える危険性もあります。

　評価倍率表と路線価図の見方は第4章で確認します。

③　現地調査（物的確認）

(1)　物的確認と権利確認

　不動産を評価するに際しては，まず対象不動産の所在場所を確定し，その物理的状況（どのような用途に利用されているか）と所有者以外に誰かが対象不動産を借りていないか，あるいは何らかの権利が付着していないかを確認しなければなりません。

　不動産の確認は，その不動産がどの場所に，いくらの面積で，間口・奥行・形状等がどのような状況かなどを確認する「物的確認」と，その不動産に誰がどのような権利を有しているのかを確認する「権利の態様の確認」の2つがあります。

　現地調査は，このうち「物的確認」をするのに欠かせない重要な作業に位置づけられます。

　不動産は，地図や図面などだけでは把握できない状況が多々あります。

　また，評価上，土地と道路との高低差，土地の傾斜などは大きな減額要素となります。登記地目は田や畑となっていても，現況は駐車場などに転換されていることもあれば，対象土地上に未登記建物が建っていることもあります。実際に現地へ行って，評価する者が目視して初めてわかる事実は少なくありません。

(2)　土　地

①　計測方法

　対象土地が更地や駐車場等の場合は，間口や奥行を計測します。計測方法は2人1組となって巻き尺（メジャー）を使うのが一番正確です。最近は小型のレーザー距離計も手頃な値段で入手でき，水平距離だけでなく高低差を

計ることも可能であり，便利です。

　機種によっては，離れた場所から上下の2地点をポイント記憶させることで上下の距離（高低差）を算定できる機能もあります。相続税申告で土地評価を厳密に行う事務所では，この計測結果を土地評価明細書に添付することもあるようです。

　現地概測の結果と公図で計測した数値とがおおむね一致し，形状等も現況と大差ない場合は，評価作業で公図を利用してもさほど支障はありません。逆に，現地概測の結果が公図で計測した数値と大きく異なる場合は，公図そのものが間口や奥行を把握するのにあまりあてにならないことがわかります。

　建物が建っている場合は，なかなか奥行を現地で概測することはできませんが，少なくとも間口のみ計測しておけば，図上で計測した間口距離との相違から公図の信頼性判断に役立ちます。

②　道路幅員

　土地の物的確認に次いで重要なのは，道路の確認です。土地の評価は道路にどのように接面しているか，その道路の幅員や構造はどうなのかなどに大きく左右されます。特に幅員が狭い道路（4m未満）では，現在建物が建っていても，建替えが認められないか，あるいは制限が課せられることもあります。現地調査で前面道路の幅員も正確に把握しておきましょう。

　幅員に関しては，市役所等で道路台帳を閲覧し，台帳上の幅員も把握しておきます。市役所等によっては，実際の幅員は「現況優先」と台帳に記載されていることもあるため，現地計測は非常に重要です。計測のポイントは，道路と対象土地の境界である「官民境界」をしっかりとチェックすることです。

③　周囲の状況

　最後に，対象土地だけでなく，近隣周囲の状況を確認します。近隣に墓地，廃棄物処理場や下水処理場などが存する場合は，土地の利用価値が著しく低

下しているとして減額できることがあります。悪臭や騒音などが発生していないかのチェックも忘れないようにしたいものです。また，現地では上を見上げてください。高圧送電線が対象土地の上を通っていることがあります。

(3)　建　物

　建物や増築部分が複数ある場合は，課税明細や名寄帳をもとに，現地でその存在をチェックします。固定資産税の課税実務上，課税明細では，増築部分も本体とは別に枝番等で別の家屋として登録されています。

　主たる建物に附属する建物（多くは未登記）と増築部分を，その築年数，構造，床面積などの課税明細記載事項と，相続人等からのヒアリング結果と照らし合わせながら，1つひとつその有無を確認していきます。

　すでに存在していないにもかかわらず，課税明細で残ったまま（滅失漏れ）の家屋が見つかることがあります。地方では築年数が古い「便所」，「物置」などが滅失漏れの場合が少なくありません。当然，滅失漏れ物件は評価対象ではありません。

　築年数が古く，小規模な建物が「増築」されているケースや，他の小規模な建物と「一体化」されているケースなどが実務上，悩みのタネです。もっとも，固定資産税評価額が少額であれば，実務的にはそれほど神経質になる必要はないと判断します。

第 3 章

評価上の区分と評価単位

....

　第1章で説明したとおり，土地はその利用状況によって，宅地，田，畑，山林，雑種地などに分類されるだけではありません。

　宅地であれば，土地所有者が居宅を建てて居住している場合や更地のまま所有している場合などのほか，土地を他人に貸し付けている場合や自己所有地にアパートを建て，他人にアパートを貸し付ける場合など，第三者の権利が付着しているかどうかによっても区分されます。

　この章では，土地の財産評価をする場面で，土地を用途上どのように区分し，土地に付着する権利の関係や利用状況に応じて，どのような単位で評価するのかを確認していきます。

① 地目認定

(1) 登記地目と現況地目

　土地は，原則として，宅地，田，畑，山林，雑種地などの地目別で評価します。これは，課税時期における現況による地目の異なるごとに，価格形成要因も違うと考えられるためです。したがって，まず利用実態に着目して地目の区分をします。これを地目認定といいます。

　不動産登記情報で各土地（筆）には必ず地目が記載されていますが，評価上はあくまで課税時期（相続発生時）の現況で判断することに注意が必要です。登記地目が畑であっても，現況が建物敷地であるときは，評価上の地目（現況地目）は宅地となります。

　実務的には，建物敷地であるにもかかわらず，登記地目が田あるいは畑のままであったりする場合や，田や畑の一部を農地法上の許可を得ることなく，無断で土盛など造成工事をして駐車場（雑種地）などに転用しているケースが目立ちます。

(2) 地目の種類

　具体的な地目の区分は，法務局あるいは土地家屋調査士の登記手続を規定する「不動産登記事務取扱手続準則」に準じて判定することになっています。地目の定め方の概要は，次のとおりです。

①	宅地＝建物の敷地およびその維持もしくは効用を果たすために必要な土地	
②	田＝農耕地で用水を利用して耕作する土地	
③	畑＝農耕地で用水を利用しないで耕作する土地	
④	山林＝耕作の方法によらないで竹木の生育する土地	
⑤	原野＝耕作の方法によらないで雑草，かん木類の生育する土地	
⑥	牧場＝家畜を放牧する土地	
⑦	池沼＝かんがい用水でない水の貯留池	
⑧	鉱泉地＝鉱泉（温泉を含みます）の湧出口およびその維持に必要な土地	
⑨	雑種地＝以上のいずれにも該当しない土地	

(3)　雑種地

　上記の中で実務的に最も地目の判断と評価が難しいのが雑種地です。都市計画法上の市街化区域であれば，宅地と雑種地の評価上の差異はほとんどありませんが，市街化調整区域では宅地と雑種地の評価額は大きく異なります。

　宅地から鉱泉地までは，明確な定義がありますが，雑種地は「それ以外の土地」という意味であり，雑種地自体がさまざまな種類の土地に細分化されます。

　具体的には，駐車場（宅地に該当するものを除きます），ゴルフ場，遊園地，運動場，鉄軌道等の用地など多岐にわたり，ほぼ宅地並みの評価となるものから農地並みの評価に留まるものまでさまざまです。次項目の評価の単位（画地確定）に関連して評価誤りを起こしやすい要注意地目といえます。

２　評価の単位

(1)　原　則

　地目認定が終わったら，評価の単位（ひとまとまりの土地）を確定します。地目別の原則は以下のとおりです。

① 宅　地

　宅地は，１画地の宅地（利用の単位となっている１区画の宅地）を評価単位とします。「１画地の宅地」は，必ずしも１筆とは限らず，２筆以上の複数の筆からなる場合もあり，逆に１筆の宅地が２画地以上の宅地と判定されることもあります。宅地の評価単位の判定はかなり複雑であり，別項目で整理します（③，④参照）。

② 田・畑

　田および畑などの農地は，１枚の農地（耕作の単位となっている１区画の農地）を評価単位とします。なお，１枚の農地の判定は，筆数に関係ないことは上記①の宅地の場合と同じです。

③ 山林，原野，牧場，池沼，鉱泉地

　それぞれ１筆を評価単位とします。

④ 雑種地

　雑種地は，利用の単位となっている一団（＝一続き）の雑種地（同一の目的に供されている雑種地）を評価単位とします。

(2)　例外（一団利用）

① 生産緑地がある場合

　農地は１枚の農地が評価単位となりますが，市街化区域内にある一団の農地のうち，市街地農地（あるいは市街地周辺農地）と生産緑地が隣接している場合は，それぞれを一団の農地として別個に評価します。

　生産緑地は，農地としての利用しか認められず，土地所有者の死亡により相続した者が農業等を営まない場合など一定の場合に，市区町村の農業委員会に所定の手続を経ることにより初めて生産緑地の指定が解除されます。農地以外への用途転換に許可が必要であり，そのための時間がかかるという点

で，市街地農地とは異なった取扱いとしています。

②　雑種地

　市街化調整区域以外の都市計画区域で市街地的形態を形成する地域におい
て，宅地と状況が類似する雑種地が2以上の評価単位により一団となってお
り，その形状，地積の大小，位置等から見てこれらを一団として評価するこ
とが合理的と認められる場合には，その一団の雑種地ごとに評価します。

(3)　例外（複数地目）

①　大規模な工場用地・ゴルフ練習場用地など

　地目別評価の原則に従うと，大規模な工場用地，ゴルフ練習場用地のよう
に一体として利用されている一団の土地のうちに2以上の地目がある場合に
も，その一団の土地をそれぞれ地目ごとに区分して評価することとなります
が，これでは一体として利用されていることによる効用が評価額に反映され
ないため，実態に即するよう評価を行うこととしています。

　したがって，**図表3－1**のように，A土地（宅地）およびB土地（雑種地）
の一団の土地がゴルフ練習場として一体利用されている場合には，その一部
に建物があっても，建物敷地以外の目的による土地（雑種地）の利用を主と

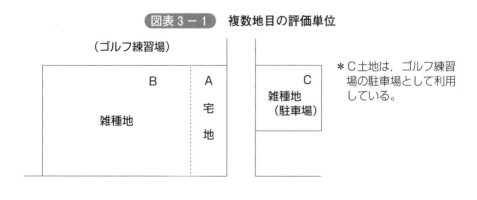

図表3－1　複数地目の評価単位

していると認められることから，その全体が雑種地からなるものとして雑種地の評価方法に準じて評価することになります。なお，このケースではC土地は別途，評価します。

② １筆内に複数地目がある場合

　登記地目が畑であるにもかかわらず，現況が畑と雑種地に分かれ，それぞれ別途に評価しなければならないことがあります。原則的には，現地で畑部分と雑種地を概測し，それぞれの面積を求めることになりますが，簡易な方法として課税明細や名寄帳が活用できる場合があります。

　図表３−２は，ある市の課税明細の例です。

図表３−２　複数地目がある固定資産税課税明細

令和６年度 固定資産税課税明細

納税義務者　　○○　○○　様　　　　　　　　　　　　　　　○○○　市

区分	物件の所在地		登記地目・課税地目		地積（㎡）	評価額（円）
土地	○○町○○番１	A	畑	畑	200	500,000
	○○町○○番１	B	畑	雑種地	100	5,000,000

　○○番１の欄を見ると，「○○番１　A」として「登記地目：畑，課税地目：畑　200㎡」，「○○番１　B」として「登記地目：畑，課税地目：雑種地　100㎡」と記載されています。

　この市の課税当局は，「○○番１」（300㎡）のうち，200㎡を「現況：畑」，100㎡を「現況：雑種地」と「認定」しています。土地の利用状況を確実に示す証拠とはいえませんが，少なくとも固定資産税課税上の現況判断として客観的な資料にはなります。

③ 複数地目を一団の土地として評価する場合

　市街化調整区域以外の都市計画区域で市街地的形態を形成する地域では，

市街地農地（生産緑地を除きます），市街地山林，市街地原野または宅地と状況が類似する雑種地のいずれか2以上の地目の土地が隣接しており，その形状，地積の大小，位置等から見てこれらを一団として評価することが合理的と認められる場合には，その一団の土地ごとに評価することとされています。

　具体例としては，以下のような場合が考えられます（**図表3－3**参照）。

図表3－3 　一団の土地として評価する場合

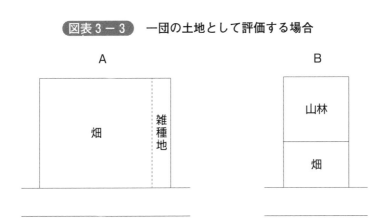

(i)　A地の場合

　畑と雑種地（駐車場）を別々で評価すると，駐車場部分は奥行の長い「帯状画地」となってしまい，評価額が安くなってしまいます。単独で評価するのは適切ではなく，畑と併せて評価することが合理的と判断できます。

(ii)　B地の場合

　畑と山林を別々で評価すると，山林は無道路地となってしまい，物理的な利用ができません。単独ではなく，畑と併せて評価することが妥当と判断されます。

③ 宅地の評価単位

(1) 遺産分割

① 原　則

　被相続人が広い宅地を所有しており，相続人がその宅地を分割して相続することはしばしばあります。その場合，相続等によって各相続人が取得した宅地については，原則として取得した宅地ごとに判定します。1画地の確定は，まず被相続人が所有していた際の土地の利用状況を勘案しますが，遺産分割により各取得者単位の画地に利用状況が変化したと考えます。

② 不合理分割

　贈与，遺産分割等による宅地の分割が親族間等で行われた場合において，たとえば，分割後の画地が宅地として通常の用途に供することができないなど，その分割が著しく不合理であると認められるときは，その分割前の画地を「1画地の宅地」として評価します。

　通常，土地の利用価値を考えれば，あえて無道路地となるような分割や，著しく形状の劣る画地を作ることは考えられません。無道路地や不整形な画地は土地評価上，無道路地としての補正や，不整形地補正等により大きく減額されます。そのため，経済合理性に反するような分割は，「租税回避」的な行為として認められません。

　著しい不合理分割が行われた場合は，分割前の土地を1画地として評価することになります。

　国税庁は，著しく不合理な分割に関して，以下のようなものを紹介しています（**図表3－4**参照）。

図表3－4　著しく不合理な分割の例

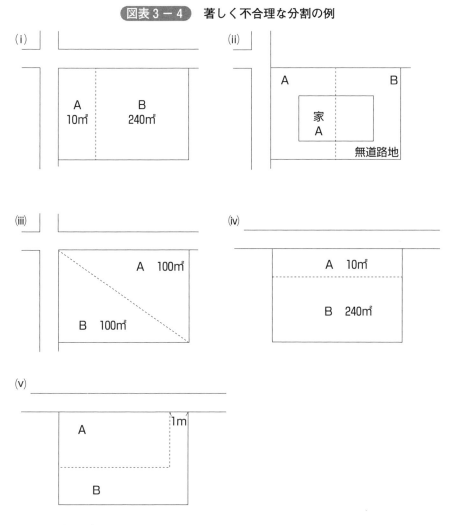

　このような事例の場合，原則としてA，B宅地全体を1画地の宅地として
評価した価額に，各土地の価額の比を乗じた価額により評価します。

（i）　Bの土地は角地ではなくなるため，側方加算がされなくなります。Aの
　　土地は奥行価格補正や奥行長大補正等により減額されます。何よりAの土
　　地はわずか10㎡の地積過小地となり，このような土地を有効に利用するこ
　　とができなくなります。

(ii) 土地上に家屋が建っているにもかかわらず，A土地取得者が建物も取得するので，Bの土地は無道路地で，さらにA所有の家屋が存することとなり，現実的ではありません。

無道路地は他人の土地を通って行かなければ，自己の土地に入ることができず，当然そのままでは建物建築が認められません。

(iii) Aの土地とBの土地それぞれが角地ではなくなり，側方加算を免れる分割です。面積を勘案すれば双方の土地とも著しく形状の劣る土地となり，土地の利用価値を損ねています。

(iv) 道路に沿って間口の長さの割に奥行距離が短小な土地（帯状画地）と無道路地を作ってしまいます。

(v) 接道義務を満たさないような間口が狭小な土地を創出する分割であり，分割時のみならず将来においても有効な土地利用が図られず通常の用途に供することができません。

建築基準法では，都市計画区域内に建物を建てるときには，原則として，幅員4m以上の道路に2m以上接面していなければなりません。

(2) 宅地の利用区分

① 原 則

宅地の1画地確定に際しては，宅地の上に存する権利による分類が重要な要素となります。第三者の権利が付着している場合，土地所有者の勝手な処分は許されず，土地利用に制限が課せられるからです。

土地評価上も宅地の上に存する権利に応じて価額が異なるため，宅地の利用区分を確実に理解する必要があります。宅地の利用区分は，大きく以下の3種類に分けることができます。

② 自用地

最も基本的な形態です。土地所有者が自己使用している更地や，土地所有者と建物所有者が同一で建物所有者が自己使用している場合の建物敷地（建

物は居宅，店舗，工場等の用途を問いません）をいいます。

③　貸宅地

　土地所有者が土地を第三者に賃貸し，その第三者が自己所有の建物を建設し，建物所有者に借地権（借地借家法に基づきます）が認められる場合の建物敷地をいいます。この場合，この建物所有者は当該宅地上に借地権を有することになります。

　借地権は，正確に言えば，建物所有目的の土地賃借権または地上権を意味します。

④　貸家建付地

　土地所有者と建物所有者は同一人であるものの，建物を第三者に賃貸している場合の建物敷地をいいます（この場合，借家人には借家権が付着しています）。

(3)　宅地の利用区分に応じた1画地確定

　宅地の利用区分に応じて宅地を1画地として確定していく例示を以下に記します（**図表3－5**参照）。

(i)　A土地は甲が営む店舗敷地として，B土地は甲の自宅敷地として利用されています。家屋は双方とも甲所有です。宅地の所有者が自らその宅地を利用している場合には，その利用状況が居住用あるいは事業用と分かれていても，その全体を1画地とします。

(ii)　A土地とB土地双方ともに甲所有です。A土地上には甲所有の自宅が，B土地上には乙所有の家屋が建っています。乙は，甲から土地を賃借して乙所有の家屋を所有しているため，乙は「借地権」を有しています。B土地は第三者の権利が付着している土地であり，自用地であるA土地とは区分してそれぞれ別途の画地とします。

(iii)　A土地とB土地双方ともに甲所有です。A土地は自用家屋（居宅）敷地

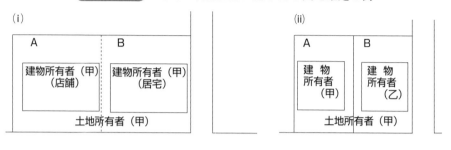

図表3-5 宅地の利用区分に応じた1画地確定の例

(i)

A	B
建物所有者（甲） （店舗）	建物所有者（甲） （居宅）

土地所有者（甲）

(ii)

A	B
建　物 所有者 （甲）	建　物 所有者 （乙）

土地所有者（甲）

(iii)

A	
居住用	

B	
3～4階　貸事務所 1～2階　貸店舗	

＊(iii)では，A土地，B土地とも同一
の者が所有し，A土地は自用家屋
の敷地として，B土地は左のよう
に利用している1棟の建物の敷地
として利用している。

として，B土地は甲所有のアパート（事業用）が建てられており，第三者
が借家人として入居しています。貸家部分には第三者の「借家権」が付着
しており，自用地であるA土地とは区分してそれぞれ別途の画地とします。

(4) 使用貸借

① 使用借権とは

　土地所有者と建物所有者が異なるからといって，その土地がすべて貸宅地
になるわけではありません。建物所有者の土地利用権限が借地権である場合
に限り，貸宅地となります。

　実務的によく見受けられるのが，土地を無償，つまり，「タダ」で建物所
有者が借り受けている場面です。これを使用借権といいます。使用借権は，
賃料の授受がないため，賃借権とはなりません。使用借権は土地評価ではゼ
ロです。土地部分は貸宅地ではなく自用地扱いとなります。

② 固定資産税程度の地代を授受している場合は？

建物所有者が土地の固定資産税相当額程度以下の賃料を「地代」と称して，土地所有者に支払っている場合が多く見受けられますが，その場合は正常な賃貸借とは認められず，使用貸借となってしまうことがあるので注意が必要です。

④ 宅地の評価単位の複雑なケース

(1) 貸宅地

① 貸付先が複数ある場合

普通借地権または定期借地権等の目的となっている宅地を評価する場合において，貸付先が複数であるときには，同一人に貸し付けられている部分ごとに1画地とします。したがって，**図表3−6(i)**ではAおよびBの2画地となります。

このように区分するのは，同一宅地上であっても借地権が複数存在し，その借地権が異なる者の権利となっている場合は，その貸宅地の利用単位はそれぞれ別個になっているほか，処分も個々に行われると考えられるためです。

財産評価で宅地を評価する際には，第三者の権利がどのように付着しているかを理解することが重要です。

② 土地を複数地主から借りている場合

2以上の者から隣接している土地を借りて，これを一体として利用している場合には，その借主の普通借地権または定期借地権等の評価にあたっては，その全体を1画地とします。この場合，貸主側の貸宅地の評価にあたっては，各貸主の所有する部分ごとに区分して，それぞれを1画地の宅地として評価します（**図表3−6(ii)**参照）。

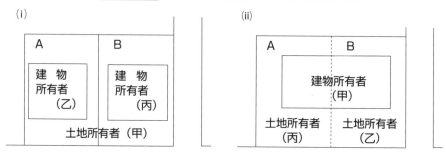

図表 3 − 6 貸付先が複数ある宅地の評価単位

(i)

A	B
建 物 所有者 （乙）	建 物 所有者 （丙）
土地所有者（甲）	

(ii)

A	B
建物所有者 （甲）	
土地所有者 （丙）	土地所有者 （乙）

(2) 貸家建付地

① 貸家が複数ある場合（一戸建て）

被相続人所有土地１筆に独立した貸家が複数存在する場合，各棟の敷地ごとに１画地とします（**図表 3 − 7**(i)参照）。

評価実務上，１画地確定で判断に迷うのが，貸家建付地です。通達上，貸家が数棟存在する貸家建付地を評価する場合，「原則として」各棟の敷地ごとに１画地の敷地として評価することとされているからです。

貸家が独立した一戸建て数棟である場合，原則どおり，各棟の敷地ごとに１画地とします。具体的な各棟単位の画地確定にあたっては，通路，さく等によって各貸家の利用範囲が区分されている場合は，その区分されている範囲を各貸家の敷地と判定します。通路等の共用部分がある場合は，各貸家の建築面積の当該土地に対する割合により按分します。

② 貸アパートが複数ある場合

同一敷地内にアパート数棟を建築している場合，各アパートそれぞれで敷地を分けて，各アパートの敷地ごとに１画地とします（**図表 3 − 7**(ii)参照）。

外観上は，アパート数棟が一体となって１つの敷地に建てられている場合

図表3−7　貸家建付地の宅地の評価単位

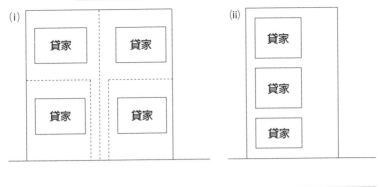

でも，アパート1棟に対して，ひとくくりの敷地に分け，接道義務を満たす形で建築確認申請するのが一般的です。

　建築基準法では，敷地とは「一の建築物又は用途上不可分の関係にある二以上の建築物のある一団の土地」（同法施行令1条1号）と規定されています。1敷地に1建築物のみしか建てられないというのが大原則です。ここでいう1敷地とは，建築確認申請上の敷地を指し，登記簿上の地番（筆）とは異なります。

　用途上不可分の建築物とは，用途上分けると意味をなさないもので，母屋と離れ（炊事場や風呂等がないもの）や物置などのほか，工場と倉庫などが該当します。このような建築物をそれぞれの敷地ごとに分けるとすると，各敷地がそれぞれ道路に接していなければならなくなり，著しく不合理です。主たる建物のための従たる建物であれば用途上不可分であり，また従たる建物を単独で売買する（たとえば母屋と切り離して離れだけを売却する）ことも考えにくいため，その土地を建築基準法でも1つの敷地として取り扱います。

　逆に，用途上可分の建築物とは，分けても機能上支障がないもので，複数の住宅やマンションなどがそれに該当します。これらは建物ごとに売却することも可能であり，1つの敷地として認める必要性はないと判断されます。

貸アパートも売却しようと思えば，数棟のうち，1棟のみを切り離して処分することはできます。したがって，1アパート1敷地で評価することになるのです。

(3) 難しい画地確定（不合理分割との関係）

原則は上記のとおりですが，実際の相続ではさまざまな利用形態の土地に遭遇します。そのため，画一的な画地確定ルールでは判断に迷うケースはたくさん出てきます。

図表3－8は，同一敷地（1筆）に自用家屋（居宅）と貸家が存するケースです。自用地と貸家建付地はそれぞれ別途の画地として評価することが原則ですが，そもそも両者を明確に区分する境界があるわけでもなく，貸家建付地部分を無理に区分しても道路との接道部分は非常に狭小となってしまいます。

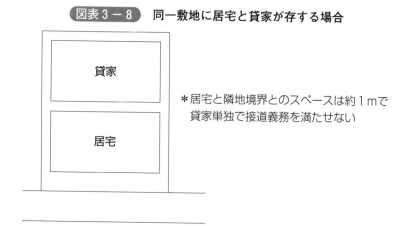

図表3－8 同一敷地に居宅と貸家が存する場合

貸家

居宅

＊居宅と隣地境界とのスペースは約1mで
貸家単独で接道義務を満たせない

建築基準法では接道義務として道路に2m以上接していなければなりませんが，ほとんどの自治体では建築基準法とは別に建築条例などで細かいルールがあります（**図表3－9**参照）。具体的には，接道義務を満たしていても路地状部分の幅員が2m以上なければ建物は建てられません。

図表3－9　建築条例の例

愛知県建築基準条例第6条

路地状部分の長さ（L）	路地状部分の幅（a）
15m未満	2 m以上
15m以上25m未満	2.5m以上
25m以上	3 m以上

東京都建築安全条例第3条

路地状部分の長さ（L）	路地状部分の幅（a）
20m以下のもの	2 m以上
20mを超えるもの	3 m以上

　図表3－10のA地の場合，接面間口は2 m以上ありますが，その途中で通路部分が2 m未満となってしまいます。B地は路地状部分の長さが条例の基準を満たしません。そのため，ともにアパートの建替えはできません。

　都市部では，老朽化した建物でこのような事例が少なくありません。現在では，建物新築時に市役所等の建築部局が建築基準法令等に沿って厳しい確認をしますが，昔はチェックが甘かったためと思われます。

　建築確認申請をしていない無断建築も珍しくないほか，場合によっては増築扱いで建てられてしまうこともあったようです。

　このように自用地と貸家建付地を区分してしまうと，評価上「不合理分割」に近い形になってしまう場合は，画地の確定を慎重に判断する必要が生じます。

　実際の申告に際しては，所轄税務署へ事前打ち合わせに訪れるなどの対応が望ましいでしょう。

図表3－10　画地確定が難しい例

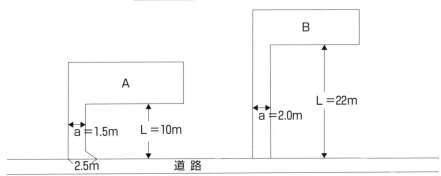

5 地 積

(1) 原 則

　財産評価は，基本的に「土地の単価×地積」で評価額を算定します。土地の地積については，課税時期の実際の面積によることが原則です。しかし，相続で取得したすべての土地について実測作業をするのは現実的ではありません。

　実測するには多大な費用がかかります。実際の面積が著しく登記面積と異なり，課税上大きな弊害が生じない限り，課税当局が強く実測を要求することはないようです。

(2) 登記面積

① 地籍調査

　地籍調査が行われていない地域では，登記されている公簿面積と実際の面積とが異なることが珍しくありません。地籍調査とは，国が主体となって行っている事業で，すべての土地について，その土地の所有者，地番，地目（土地の利用状況），境界，面積などを測量する調査です。地籍は，土地に関する戸籍と表現されることがあります。地籍調査の結果を地図等にまとめ，調査の成果は登記情報に反映されます。

　国土交通省の公表資料によれば，地籍調査は昭和26年から実施されていますが，令和4年度末時点で，全国で52％（都市部27％）しか完了していません。

　地籍調査の進捗状況は地域格差があり，北海道，東北，九州が進んでいます。佐賀県99％，沖縄県98％，青森県93％，宮城県89％などとなっている一方，京都府は8％，大阪府10％などと，進捗状況は芳しくありません。

② 留意事項

実務的には，登記面積で申告するケースが多いと思われますが，下記のケースに該当する場合は注意が必要です。

(i) 売主に確定測量してもらって，購入した土地

土地売買では売主側に実測してもらうことが一般的です。しかし，その実測数値に基づいて登記数量を変更（地積更正といいます）していないことが少なくありません。

(ii) 分筆後の残地

土地を分筆する際には実測をします。分筆されて残った土地（残地）の登記面積は，分筆される前の土地登記面積から，新たに分筆した土地の実測面積を控除した数値となることが一般的です。したがって，分筆を繰り返して最後に残った土地には，元の一体土地自体の実際面積と登記面積の差額が凝縮されます。このような残地は，実際の面積が登記面積と大きく異なる傾向があります。

(3) 山　林

山林では，縄伸び（公簿面積より実測面積が大きいこと）や縄縮み（公簿面積より実測面積が小さいこと）が頻繁にあります。傾斜地が多く，高低差が大きい山林では，明治時代以降の旧土地台帳の面積と実際の面積に大きな誤差があり，課税実務上も難しい問題となっています。

もともと山林は土地単価も安く，立木評価単価もここ数年大きく下がっているので，相続対象となる山林の評価額（土地および立木）がさほど大きくならない限り，実測が求められることはほとんどありません。しかし，広大な山林を所有している事例では，個別の対応が必要と思われます。

地積単位

　不動産業界では，土地・建物面積を「○○坪」や，土地単価・建築単価などを「坪当たりいくら」で表現することが一般的です。不動産関係者から「ここは30万円程度だな」と言われて，1㎡30万円と勘違いしないでください。当然「坪30万円」の意味です。坪単価が標準語なのです。

　坪は旧尺貫法による面積単位で，約3.3㎡と称されます。およそ畳2畳分の広さです。現在，取引や証明に坪を使用することは禁止されていますが，参考値として併記することは認められています。

　坪から㎡に換算する際に，多くの人は1坪＝3.3㎡を使いますが，正確には，1坪＝3.305785…㎡であるため，不動産実務では「0.3025」（≒1坪÷3.305785）を用います。たとえば，100㎡であれば，30.25坪（＝100㎡×0.3025）となります。逆に30坪は99.17㎡（≒30坪÷0.3025）です。お客さんの前で「0.3025」を使うと少しプロっぽく見えるかもしれません。

　同じように，農地・山林では「1反（いったん）」，「1畝（いっせ）」，「1町（いっちょう）」もいまだに使用されます。

　1反＝300坪です。現在ではa（アール）とha（ヘクタール）が公用で表示されます。1ha＝100a＝1万㎡，1a＝100㎡です。昔から田の基本的単位は「1反」でした。現在，農地の生産量を「10a当たりコメいくら」と表現することが多いのは，1反＝約992㎡≒10aであるためです。

　1反＝10畝，1畝＝30坪，1町＝10反です。「畝」は畑で，「町」は山林で使用することが多い単位です。地方では農業経営者や山林所有者と会話すると，今でもしばしば出てきます。面食らわないようにしておきましょう。

第 *4* 章

路線価図の確認

....

　評価対象土地の具体的な場所が確定し，評価地目や評価単位（画地）が整理できたら，次のステップである路線価（あるいは倍率）の確認に進みます。

　「路線価」は，税理士や会計事務所関係者だけでなく，広く国民に知られているため，相続財産である土地はすべて路線価で評価すると勘違いしている人も少なくありません。

　土地の評価に際しては，路線価方式だけでなく，倍率方式や宅地比準方式を適用することもあります。評価対象土地が具体的にどの評価方式を採用するのかを確認する作業からスタートします。

① 評価倍率表の確認

(1) 路線価方式か倍率方式か

① 財産評価基準書

　対象土地をどの評価方式で評価するかは，各国税局単位で編纂される財産評価基準書のうち，評価倍率表（一般の土地等用）を見て確認します。

　財産評価基準書は，相続税等の財産評価で必要な路線価，各評価割合（借地権割合，借家権割合），倍率，地区区分などのほか，造成費や立木単価などを記載したものです。その冊子は各税務署に備え付けられています。以前は税務署あるいは図書館で路線価等を閲覧しましたが，今では国税庁ホームページにアクセスして確認するのが一般的です。

② 評価倍率表

　実際に評価倍率表を見てみましょう。

　図表4－1のAは東京都23区内です。東京都23区内は全域が，宅地は「路線」，田，畑，山林，原野は「比準」と表示されています。宅地は路線価方式を，田，畑，山林，原野はそれぞれ市街地農地，市街地山林，市街地原野として宅地比準方式を採用することになります。

　愛知県豊田市を見てみます（**図表4－1**のB参照）。青木町の市街化区域では，宅地が路線価方式，その他の地目は比準方式採用です。市街化調整区域は宅地欄に「1.1」とあり，倍率として1.1倍を固定資産税評価額に乗じて評価することを意味します。借地権割合は40％です。

　次に，田，畑欄を見ると，これは「1．農業振興地域内の農用地区域」と「2．上記以外の地域」に分かれています。1の田では「純25」と記載されています。農地は市街地農地のほか，市街地周辺農地，中間農地，純農地が

図表4-1　評価倍率表

A

倍率表

音順	町（丁目）又は大字名	適用地域名	借地権割合	固定資産税評価額に乗ずる倍率等						
				宅地	田	畑	山林	原野	牧場	池沼
			％	倍	倍	倍	倍	倍	倍	倍
	都区内全域	全域	—	路線	比準	比準	比準	比準	—	—

B

倍率表

愛知県豊田市

音順	町（丁目）又は大字名	適用地域名	借地権割合	固定資産税評価額に乗ずる倍率等						
				宅地	田	畑	山林	原野	牧場	池沼
あ			％	倍	倍	倍	倍	倍	倍	倍
	青木町	市街化区域	—	路線	市比準	市比準	市比準	市比準		
		市街化調整区域								
		1　農業振興地域内の農用地区域	—		純25	純40	—	—		
		2　上記以外の地域	40	1.1	中35	中53	中170	—		
	曙町	土橋土地区画整理事業施行区域内	個別	個別	個別	個別	個別	個別		
		上記以外の地域	—	路線	市比準	市比準	市比準	市比準		

あり，「純」は純農地を示し，固定資産税評価額に25倍を乗じて評価することを意味します。2の畑では「中53」とあり，同様に中間農地のことで固定資産税評価額に53倍を乗じて評価します。

　曙町では，「土橋土地区画整理事業施行区域内」として，宅地欄には「個別」の文字が見えます。これはその地域が土地区画整理事業施行中であり，評価対象土地の所在と土地区画整理事業の進捗状況に応じて，個別に評価方式を所轄税務署と協議するという意味です。

　対象土地が「個別」に該当すると，税務署との協議に時間がかかるので注意が必要です。

③　留意事項

　土地評価の初心者がやりがちなのは，いきなり路線価図を見てしまうこと

です。評価対象土地が市街化区域の真ん中であり，明らかに路線価方式を採用することがわかっている場合は問題ありませんが，評価対象土地の存する場所が市街化区域と調整区域の境目である場合は要注意です。

　市街化区域と調整区域の境目が道路であることは少なくありませんが，その場合，路線価図を見るとあたかも調整区域に存する土地であっても路線価で評価しなければならないかのように錯覚することがあるからです。

　図表4－2の右側路線価図でA～Dの地点はいずれも路線価に接しています。一目見ると路線価で評価するような感じになってしまいます。左側で着色している部分が市街化区域です。B，C，Dはいずれも市街化調整区域であり，評価倍率表では倍率地区であることがわかります。

　このように，対象土地が都市計画法上どのような地域に存し，評価倍率表で路線価方式と倍率方式のどちらの評価方式を採用するかの確認は欠かせません。都市計画図はほとんどの市町村がウェブで公開しています。必ずチェックしましょう。

(2)　路線価方式の場合

　路線価方式とは，宅地の面する路線に付された路線価をもととし，奥行価格補正等の各種補正率（画地調整率といいます）により計算した単価に，その宅地の地積を乗じて評価する方式をいいます。

　路線価方式は，市街地的形態を形成する地域で適用するとされ，市街化区域および非線引き区域で用途地域の定めのある区域に路線価が設定されていることが一般的です。

　なお，路線価方式で土地を評価するには，採用する正面路線価の判定や，対象画地の各画地調整率の把握等をしなければならず，一定の知識を習得する必要があります。

(3)　倍率方式の場合

　倍率方式とは，市町村長（東京都23区内は東京都知事）が決定した固定資産

図表 4 − 2　都市計画図と路線価図

税評価額に，国税局長が一定の地域ごとにその地域の実情に即するように定める倍率を乗じて計算した金額によって評価する方式をいいます。

こちらは対象土地の固定資産税評価額に，指定された倍率を乗ずるだけであり，特別に高度な知識を要しませんが，逆に固定資産税評価額が相続財産評価上，妥当か否かの判断をしなければならない場面もあります。

(4) 宅地比準方式の場合

市街地農地や市街地周辺農地，市街地山林，市街地原野，一部の雑種地で採用され，宅地としての評価額から造成費等を控除し，一定の場合は補正率を乗じて求める方式です。第9章で説明します。

② 路線価図の見方

(1) 路線価と借地権割合

① 何を読み取るのか？

路線価図では，路線価（1㎡当たり単価：千円単位），借地権割合と地区区分およびその適用範囲を読み取ります。

路線価図で「100E」と記載されている場合，この路線価は1㎡当たり100千円＝10万円であることを示しています。100の後ろのEは借地権割合です。借地権割合はA〜Gまであり，それぞれの割合は**図表4−3**のとおりです。Eは借地権割合50％を意味します。借地権割合は，借地権の評価だけでなく，貸宅地や貸家建付地の評価にも利用します。

具体的に借地権割合が50％である場合，貸宅地は自用地評価額から借地権評価額を控除して求めるので，その割合は50％です（貸宅地割合＝1−借地権割合）。借地権割合が60％の場合は，貸宅地割合は40％となります。

なお，借地権割合は住宅地よりも商業地，商業地の中では繁華性が優るほ

図表 4 − 3　地区表示記号と借地権割合

【路線価図上の地区表示記号】

ビル街地区		高度商業地区	
⬡	道路を中心として全地域	⬭	全地域
⬡	北側全地域	⬭	道路沿い
繁華街地区		**普通商業・併用住宅地区**	
⬡	南側道路沿い	◯	全地域
⬡	南側全地域	◯	北側全地域 南側道路沿い
中小工場地区		**大工場地区**	
◇	北側道路沿い 南側全地域	▭	南側全地域
◇	北側道路沿い	▭	北側全地域
普通住宅地区			
────	無印は全地域		

【借地権割合】

A	B	C	D	E	F	G
90%	80%	70%	60%	50%	40%	30%

【例】

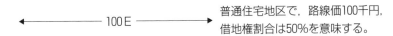

普通住宅地区で，路線価100千円，借地権割合は50%を意味する。

ど高くなる傾向があり，90％であるＡは，東京・銀座など一部の商業地にしか見ることができません。

② 路線価とは

路線価は，宅地の価額がおおむね同一と認められる一連の宅地が面している路線（不特定多数の者の通行の用に供されている道路をいいます）ごとに設定するとされ，通常，路節（交差点と交差点との間）単位で設定されます。

路線価は，路線に接する宅地で次に掲げるすべての事項に該当するものについて，地価公示価格等をもととして国税局長がその路線ごとに評定した１㎡当たりの価額と規定されています。

(i) その路線のほぼ中央部にあること。
(ii) その一連の宅地に共通している地勢にあること。
(iii) その路線だけに接していること。
(iv) その路線に面している宅地の標準的な間口距離および奥行距離を有する長方形または正方形のものであること。

評価実務上，この「標準的な間口距離および奥行距離」とは，奥行価格補正率と間口狭小補正率がいずれも「1.00」であり，奥行長大補正率の適用がないものが該当します。

③ 特定路線価

路線価地域内において，路線価の設定されていない道路のみに接している宅地を評価する必要がある場合（**図表４－２**上図のＥや**図表２－２**の対象土地（55頁参照）が該当）には，当該道路に，この宅地を評価するための路線価を納税義務者からの申出等に基づき設定することができることとされています。これを特定路線価といいます。

特定路線価は，建築基準法上の道路等にのみ設定が可能です。引込状道路（私道）に数画地が接面するようなミニ分譲開発団地が主な対象となります。

具体的には，「特定路線価設定申出書」（**図表４－４**参照）に，特定路線価

図表 4 － 4　特定路線価設定申出書

<table>
<tr><td></td><td>整理簿</td></tr>
<tr><td></td><td>※</td></tr>
</table>

平成
令和──年分　特定路線価設定申出書

※印欄は記入しないでください。

_____税務署長

令和__年__月__日　　申 出 者　住所(所在地)_____
　　　　　　　　　　　　（納税義務者）　　　〒

　　　　　　　　　　　　氏名(名称)_____

　　　　　　　　　　　　職業(業種)_____　電話番号_____

　相続税等の申告のため、路線価の設定されていない道路のみに接している土地等を評価する必要があるので、特定路線価の設定について、次のとおり申し出ます。

1　特定路線価の設定を必要とする理由	□　相続税申告のため（相続開始日_____年__月__日） 被相続人　住所_____ 　　　　　氏名_____ 　　　　　職業_____ □　贈与税申告のため（受贈日_____年__月__日）
2　評価する土地等及び特定路線価を設定する道路の所在地、状況等	「別紙　特定路線価により評価する土地等及び特定路線価を設定する道路の所在地、状況等の明細書」のとおり
3　添付資料	(1)　物件案内図（住宅地図の写し） (2)　地形図(公図、実測図の写し) (3)　写真　　撮影日_____年__月__日 (4)　その他
4　連絡先	〒 住　所_____ 氏　名_____ 職　業_____　電話番号_____
5　送付先	□　申出者に送付 □　連絡先に送付

＊　□欄には、該当するものにレ点を付してください。

（資 9 － 29 － Ａ 4 統一）

の設定を必要とする理由（相続税または贈与税申告のために限ります）と，評価する土地等および特定路線価を設定する道路の所在地，状況等を記載し，所定の添付資料とともに，納税地を管轄する「評価専門官が配置されている」税務署に提出します。

　この特定路線価は，特定路線価を設定しようとする道路に接続する路線およびその道路の付近の路線に設定されている路線価をもとに，その道路の状況，地区区分等を総合勘案して，税務署長が設定します。

　申出書提出から特定路線価設定まで1か月ほど時間がかかるので，評価対象土地に特定路線価の設定が必要であるかどうかを早めに見極めて，申告期限に遅れないように対応しなければなりません。

(2)　用途地区区分とその適用範囲

①　用途地区区分の記号表示

　路線価を取り囲むように楕円，円，あるいはひし形等の印が記載されていることがあります。これは用途地区区分を意味します（**図表4－3**参照）。

②　適用範囲

　楕円，円などの印が白抜き，黒塗り，あるいは斜線入りであるのはその用途地区区分の適用される範囲を示します。無印の場合は，道路沿い全域が「普通住宅地区」であることを示します。

(3)　用途地区区分

　地区区分についての明確な定義はありませんが，固定資産税評価上の用途地区区分を参考にすると，おおむね以下のように整理されます。

①　ビル街地区

　大都市内の容積率の高い地区（おおむね容積率が700％以上の地域）にあって，銀行，商社等の高層（主として8階建て以上）あるいは超高層の大型オフィ

スビル，商業施設が街区を形成し，かつ敷地規模が大きい地区。東京，横浜，大阪等の大都市しかありません。

② 　高度商業地区

　大都市にあっては都心または副都心，地方都市にあっては都心地域，小都市にあっては中心地域等の容積率の高い地区（おおむね容積率が600％以上の地域）にあって，中高層（主として6階建て以上）の百貨店，専門店舗，金融機関等が連たんする高度小売商業地区，あるいは中高層の事務所が連たんする高度業務地区。

③ 　繁華街地区

　都市およびこれに準ずる市街地的形態を有する町村において各種小売店舗が連たんする著名な商業地あるいは飲食店舗，レジャー施設等が多い歓楽街など，人通りの多い繁華性の高い中心的な商業地区（容積率の高い地区にあるが，高度商業地区と異なり比較的狭い幅員の街路に中層以下の平均的に小さい規模の建物が連たんしている地区）。

④ 　普通商業地区

　商業地域（おおむね容積率が600％未満の地域），近隣商業地域内，あるいは第1種住居地域，第2種住居地域，準住居地域，準工業地域内の幹線道路（国県道等）沿いに中低層（主として5階建て以下）の店舗，事務所等が連たんする商業地区。

⑤ 　併用住宅地区

　商業地区の周辺部あるいは幹線道路（国県道等）沿いにあって，住宅が混在するものの，小規模の店舗，事務所（低層利用の建物が多い）が多い地区。

⑥　普通住宅地区

第1種低層住居専用地域，第2種低層住居専用地域，第1種中高層住居専用地域，第2種中高層住居専用地域，第1種住居地域，第2種住居地域，準住居地域および準工業地域内にあって，主として居住用家屋が連続している地区。

⑦　中小工場地区

準工業地域，工業地域，工業専用地域内で敷地規模が9,000㎡程度までの工場，倉庫，流通センター，研究開発施設等が集中している地区。

⑧　大工場地区

準工業地域，工業地域，工業専用地域内で敷地規模が9,000㎡を超える工場，倉庫，流通センター，研究開発施設等が集中（3画地以上）している地区，あるいは単独で3ha以上の敷地規模のある画地によって形成される地区。

☕ Coffee break

路線価図は要注意！

うっかりして路線価図を読み間違えることはたびたびあります。

まず，対象土地の場所の確定に戸惑います。路線価図は目印となる施設名称等が最小限しか記載されておらず，わかりにくく作成されています。

用途地区に関しては，楕円は高度商業地区，円は普通商業・併用住宅地区を表します。似ているので注意してください。高度商業地区は大都市の都心部にしか存在しません。地方都市ではせいぜい普通商業地区しかありません。対象土地の所在する市町村の規模や場所の特性をしっかりと頭に入れて間違えないようにしましょう。

第 **5** 章

路線価方式による宅地評価

この章では，路線価地区に所在する宅地を評価する方法を学びます。法人税・所得税を問わず，会計事務所は客先から会計資料を受領し，会計帳簿を作成して，決算・申告業務を行います。

一方，土地評価は評価対象土地を現地で確認し，その権利を不動産登記情報その他の資料をもとに確定した後，税理士が対象土地の間口・奥行・形状その他を計測し，接面する路線価を拾い出し，評価作業を進めていきます。通常の会計事務所の業務とはかなり異なる作業です。

このため，土地を含む財産評価に苦手意識を持つ人もいれば，逆に通常の業務では味わえない醍醐味を感じて財産評価が好きになる人もいます。

路線価方式による宅地評価額は，担当する税理士によって多少の誤差が生じると言われます。計測方法に若干の相違が発生することもあれば，採用する補正率の把握にミスが出やすいのも事実です。

土地の価値は，その土地の間口や奥行，形状，街路接面態様（角地や二方路画地等）などによって，同じ路線に面している場合であっても差異が生じます。宅地評価でもこのような土地の個性に応じて路線価を補正することとされ，これらの補正率は，評価通達の付表として一定の率が定められています。

これを画地調整率といい，そのうち側方路線影響加算率と二方路線影響加算率は，価格を高める増額補正の項目であるのに対し，その他はすべて価格を低くする減額補正の項目です。増額補正の適用を失念すると，税務調査等でしっかりと調査官から指摘を受け，評価誤りで修正申告するはめになりますが，減額補正をしなかった場合には指摘すらされません。土地の評価に際しては注意深く，うっかり誤りをしないようにしたいものです。

1 間口・奥行の決定と正面路線価

(1) 間口距離の決定

① 通常の場合

　評価対象土地の評価単位（画地）が確定したら，まず間口距離を決定し，その後，奥行距離を決定します。整形地であれば，道路に接面する部分の距離が間口となります。

　しかし，土地は整形地ばかりではありません。間口の具体的な計測方法は**図表5－1**のとおりです。Aの場合はa，Bの場合はa＋cによります。Cの場合はbによりますが，aによってもOKです。

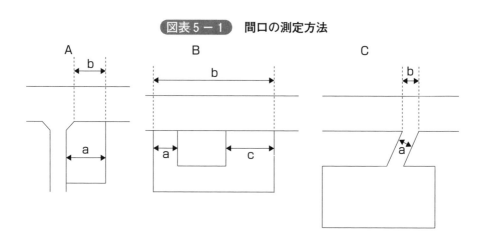

図表5－1 間口の測定方法

　Aの場合，隅切がなかったとした間口距離を採用するのは，隅切は街路との接続部分（交差点）の視認性を高め，交通事故等の発生を抑制するため奨励や行政指導を受けて行われるものであり，土地の価値を損ねるものではないからです。したがって，側道部分が私道であり，この私道部分を評価する

際には，隅切で広がった部分は間口距離に含めません。

　また，Cの場合，基本的に間口は接道部分の距離となりますが，その場合，路地状部分の幅員より大きな数値となります。建築基準法では，原則幅員4ｍ以上の道路に2ｍ以上接道していなければ建物建築が認められませんが，条例等で路地状部分の幅員にも条件が課せられます。以上の観点でａを間口と認定する方が合理的です。

②　道路が屈曲している場合

　土地に接面する道路が屈曲している場合（**図表5－2**参照）は，まず対象土地を取り囲む形で接面間口に沿って整形地を設定します。これを「想定整形地」といいます。Aでは，ｂを接面間口として想定整形地を取るケースと，ｃを接面間口として想定整形地を取るケースとが考えられます。そして，その不整形地に係る想定整形地の間口に相当する距離（ａ）と，屈折路に実際に面している距離（ｂ＋ｃ）とのいずれか短い距離を採用します。

図表5－2　接面する道路が屈曲している場合

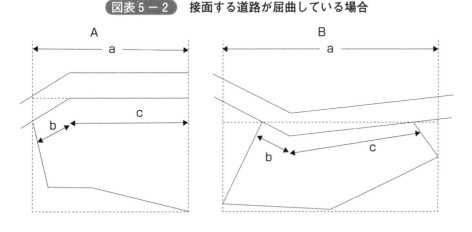

　このことから，Aの場合にはａ（＜「ｂ＋ｃ」）が，Bの場合には「ｂ＋ｃ」（＜ａ）がそれぞれ間口距離となります。

(2) 奥行距離の決定

① 通常の場合

整形地では，正面路線に対して垂線を伸ばして奥行距離を計測します。

② 奥行距離が一定でない不整形である場合

形状がいびつな宅地に関しては，不整形地に設定した想定整形地の奥行距離を限度として，その土地の地積を間口距離で除して得られた距離（計算上の奥行）を採用します（**図表5－3**参照）。

奥行距離 ＝（地積 ÷ 間口 or 想定整形地の奥行距離）の小さい値

以下A～Dを具体的に確認していきます。

図表5－3 奥行距離が不整形の場合

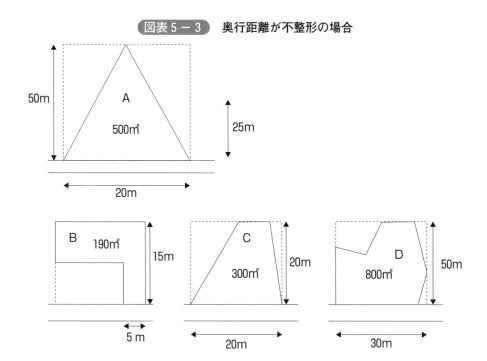

(ⅰ)　A（三角形地）は地積500㎡，間口は20m，想定整形地の奥行は50mです。

　　計算上の奥行（500㎡ ÷ 20m ＝ 25m）≦ 想定整形地の奥行（50m）

　　　∴　25m

(ⅱ)　B（路地状部分を有する画地）は地積190㎡，間口は5m，想定整形地の奥行は15mです。

　　計算上の奥行（190㎡ ÷ 5m ＝ 38m）≧ 想定整形地の奥行（15m）

　　　∴　15m

(ⅲ)　C（台形地）は地積300㎡，間口は20m，想定整形地の奥行は20mです。

　　計算上の奥行（300㎡ ÷ 20m ＝ 15m）≦ 想定整形地の奥行（20m）

　　　∴　15m

(ⅳ)　D（不整形地）は地積800㎡，間口は30m，想定整形地の奥行は50mです。

　　計算上の奥行（800㎡ ÷ 30m ＝ 26.7m）≦ 想定整形地の奥行（50m）

　　　∴　26.7m

③　奥行価格補正率

　一般的に，土地はその用途に応じて標準的な画地規模が認められます。地積を前提に間口・奥行を整理すると標準的な奥行が定まります。奥行がこれ以下であってもこれ以上であっても，使い勝手が悪くなります。そこで，土地評価では，奥行が短くなることによる補正（奥行短小）と奥行が長くなることによる補正（奥行逓減）を併せて奥行価格補正率として整理しています（**図表5－4**参照）。

　住宅が建ち並ぶ地域に適用される普通住宅地区を例にとって見てみましょう。奥行距離10m以上24m未満は「1.00」と記載されており，路線価を補正することなく，そのまま路線価を採用することになります。

　10m未満からは0.97（8m以上10m未満），0.95（6m以上8m未満）などと補正率が1以下です。奥行距離が5mの場合は，補正率は0.92（4m以上6m未満）ですから，路線価を100千円と仮定すると以下のとおりとなります。

```
       路線価      奥行5mの奥行価格補正率      1㎡単価
     100,000円  ×         0.92          ＝  92,000円
```

図表5−4　奥行価格補正率表（付表1）

奥行距離（m）／地区区分	ビル街地区	高度商業地区	繁華街地区	普通商業・併用住宅地区	普通住宅地区	中小工場地区	大工場地区
4未満	0.80	0.90	0.90	0.90	0.90	0.85	0.85
4以上6未満	0.80	0.92	0.92	0.92	0.92	0.90	0.90
6 〃 8 〃	0.84	0.94	0.95	0.95	0.95	0.93	0.93
8 〃 10 〃	0.88	0.96	0.97	0.97	0.97	0.95	0.95
10 〃 12 〃	0.90	0.98	0.99	0.99	1.00	0.96	0.96
12 〃 14 〃	0.91	0.99	1.00	1.00	1.00	0.97	0.97
14 〃 16 〃	0.92	1.00	1.00	1.00	1.00	0.98	0.98
16 〃 20 〃	0.93	1.00	1.00	1.00	1.00	0.99	0.99
20 〃 24 〃	0.94	1.00	1.00	1.00	1.00	1.00	1.00
24 〃 28 〃	0.95	1.00	1.00	1.00	0.97	1.00	1.00
28 〃 32 〃	0.96	1.00	0.98	1.00	0.95	1.00	1.00
32 〃 36 〃	0.97	1.00	0.96	0.97	0.93	1.00	1.00
36 〃 40 〃	0.98	1.00	0.94	0.95	0.92	1.00	1.00
40 〃 44 〃	0.99	1.00	0.92	0.93	0.91	1.00	1.00
44 〃 48 〃	1.00	1.00	0.90	0.91	0.90	1.00	1.00
48 〃 52 〃	1.00	0.99	0.88	0.89	0.89	1.00	1.00
52 〃 56 〃	1.00	0.98	0.87	0.88	0.88	1.00	1.00
56 〃 60 〃	1.00	0.97	0.86	0.87	0.87	1.00	1.00
60 〃 64 〃	1.00	0.96	0.85	0.86	0.86	0.99	1.00
64 〃 68 〃	1.00	0.95	0.84	0.85	0.85	0.98	1.00
68 〃 72 〃	1.00	0.94	0.83	0.84	0.84	0.97	1.00
72 〃 76 〃	1.00	0.93	0.82	0.83	0.83	0.96	1.00
76 〃 80 〃	1.00	0.92	0.81	0.82	0.83	0.96	1.00
80 〃 84 〃	1.00	0.90	0.80	0.81	0.82	0.93	1.00
84 〃 88 〃	1.00	0.88	0.80	0.80	0.82	0.93	1.00
88 〃 92 〃	1.00	0.86	0.80	0.80	0.81	0.90	1.00
92 〃 96 〃	0.99	0.84	0.80	0.80	0.81	0.90	1.00
96 〃 100 〃	0.97	0.82	0.80	0.80	0.80	0.90	1.00
100 〃	0.95	0.80	0.80	0.80	0.80	0.90	1.00

②　接面する路線が2つ以上ある場合

⑴　正面路線の判定

①　正面路線とは

　評価対象宅地が2つの異なる路線に面する場合，まず正面路線を決定しなければなりません。正面路線とは，対象宅地を評価するに際し，最も影響を与える路線です。

　評価対象宅地の属する用途地区は正面路線に記載されている地区で判定され，側方路線影響加算率・二方路線影響加算率および不整形地補正率や間口狭小補正率・奥行長大補正率は，すべて正面路線の地区で適用される率を用いることになります。

　これらの画地調整率は，同じ奥行距離であっても用途地区によって微妙に適用される率が異なるため，正面路線の判定ミスは，申告上，大きな評価誤りにつながりかねません。

②　判定の方法

　通常は路線価が高い方が正面となりますが，正しくは，路線価にその宅地の奥行に応じた奥行価格補正率を乗じた価格の高い方が正面路線となります。

　図表5-5では，甲路線は普通商業・併用住宅地区の300千円，乙路線は普通住宅地区の290千円です。

　甲路線から見た奥行は40mであり，普通商業・併用住宅地区では奥行価格補正率は0.93，乙路線から見た奥行は20mであり，普通住宅地区では奥行価格補正率は1.00です。

　　甲路線価計算価格：300千円 × 0.93 ＝ 279千円

　　乙路線価計算価格：290千円 × 1.00 ＝ 290千円

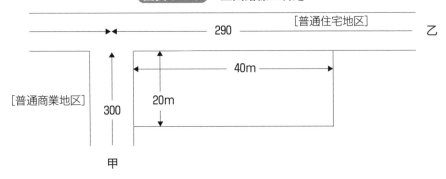

図表 5 − 5　正面路線の判定

[普通住宅地区]　乙

290

[普通商業地区]　300

40m

20m

甲

　つまり，乙路線価計算価格の方が高くなり，乙が正面路線と判定され，対象土地の画地計算はすべて普通住宅地区のものが適用されます。

　なお，地区の異なる２以上の路線に接する宅地の場合には，正面路線は，それぞれの路線の路線価に，各路線の地区に適用される奥行価格補正率を乗じて計算した金額をもとに判定することに注意が必要です。

　この場合，路線価に奥行価格補正率を乗じて計算した金額が同額となるときには，原則として，路線に接する距離の長い方の路線が正面路線となります。

③　２つの異なる路線に面するものの著しく影響の度合いが少ない場合

　図表 5 − 6 のように，間口が狭小で接道義務を満たさないなど，正面路線の影響を受ける度合いが著しく低い立地条件にある宅地については，その宅地が影響を受ける度合いが最も高いと認められる路線を正面路線として差し支えないことになっています。

　実務的には，建築基準法上の接道義務を満たさない（接面間口２m未満）場合や，建築基準条例の路地状部分条件を充足していない場合，あるいは接面道路との高低差が著しく単純に正面路線を適用すると評価上支障が生ずる場合などが当てはまります。

　ただし，**図表 5 − 6** のような帯状部分を有する土地は，帯状部分（乙）と

その他の部分（甲）に分けて評価した価額の合計額により評価し，不整形地としての評価は行いません。

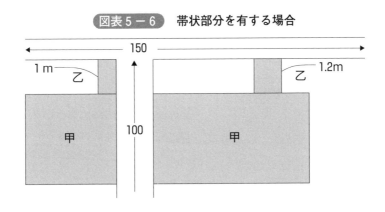

図表 5 － 6　帯状部分を有する場合

(2)　側方路線影響加算

①　角地・準角地

　角地とは，2つの道路が交差するその接点に位置する画地であり，一方にしか道路に面しない中間画地よりも価値が高いとして需要があり，好まれます。

　住宅系であれば，日照，通風に優り，2方向を道路によって囲まれるため，開放感があります。商業系でも角地は交差点に面し，建物が2方向に面し，よく目立つことから広告宣伝効果が高く，顧客の誘引力に優ります。ランドマークと称されるビルの多くは角地に立地しています。不動産取引市場でも住宅地・商業地を問わず，角地は中間画地より高額で取引されることがほとんどです。

　角地で一定の条件を満たすものは，建築基準法上「指定角地」と呼ばれ，建ぺい率を加算でき，建物をより広く建てられるため，土地の有効活用が図られ，価値が増します。

　一般的には，住宅系よりも収益性が重視される商業系で増価割合は大きく

なります。財産評価でも，**図表5－7**のとおり，側方路線影響加算率は，普通住宅地区で0.03，普通商業・併用住宅地区で0.08，高度商業地区および繁華街地区で0.10です。階層の高いビル等が建てられる用途地区になるにつれて加算率が大きくなることがわかります。

　準角地は，1系統の連続した同一道路の屈曲部の内側に存し，結果として2方向で道路と接道している場合の画地です。日照・通風等の効用は角地と変わりませんが，交差点に位置するものではないため，商業的な効用は角地ほど大きくありません。したがって，準角地の側方路線影響加算率は角地より低く抑えられ，各地区ともに角地の加算率のほぼ半分程度となっています。

図表5－7　側方路線影響加算率表（付表2）

地区区分	加　算　率	
	角地の場合	準角地の場合
ビ　ル　街　地　区	0.07	0.03
高　度　商　業　地　区 繁　華　街　地　区	0.10	0.05
普通商業・併用住宅地区	0.08	0.04
普　通　住　宅　地　区 中　小　工　場　地　区	0.03	0.02
大　工　場　地　区	0.02	0.01

② 　側方路線影響加算の具体例

　図表5－8のように正面と側方に路線がある場合の宅地の評価額は，以下のような手順で求めます。

図表5－8　側方路線影響加算の例

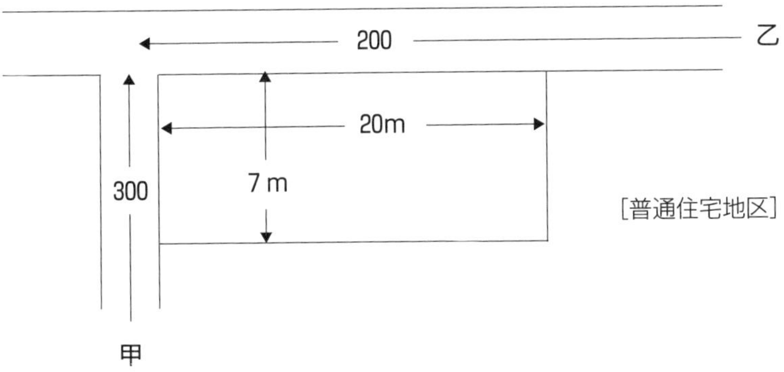

[普通住宅地区]

（ⅰ）　正面路線の判定

　　　　　　　　路線価　　　奥行価格補正率
　A　甲路線：300千円 × 1.00（20m）＝ 300千円

　B　乙路線：200千円 × 0.95（7m）＝ 190千円

　C　A ＞ B　∴　甲路線が正面路線となる。

（ⅱ）　側方路線価を加算

　正面路線価　　側方路線価　　側方路線影響加算率
　300千円 ＋ 190千円 × 0.03 ＝ 305,700円

（ⅲ）　評価額の決定

　　　（ⅱ）　　　　地積
　305,700円 × 140㎡ ＝ 42,798,000円

③　2つの路線の用途地区が異なる場合

　実務的には，2つの路線の用途が異なる場合に注意が必要です。特に2つの路線が，高度商業地区と普通商業・併用住宅地区，あるいは普通商業・併用住宅地区と普通住宅地区のように，側方路線影響加算率に格差がある際には，正面路線の決定により，対象土地の評価額は大きく変化します。

④ 準角地評価の具体例

次に，**図表5-9**のような準角地の評価例を記載します。

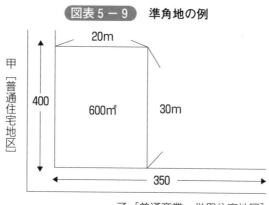

図表5-9　準角地の例

甲［普通住宅地区］

乙［普通商業・併用住宅地区］

準角地も正面路線の判定を最初に行います。

　　　　　　　　路線価　　　　奥行価格補正率
　甲路線：400千円 × 1.00（20m）= 400千円

　乙路線：350千円 × 1.00（30m）= 350千円

甲路線≧乙路線であるため，甲路線が正面路線と判定されます。

　　　　　　正面路線価　　　　側方路線価　　　奥行価格補正率　　　側方路線影響加算率
　評価単価：400千円 ＋（ 350千円 × 0.95 × 0.02 ）

　　　　　　＝ 406,650円

　評価額　：406,650円 × 600㎡ = 243,990,000円

ここで注意すべきは，正面路線が決定（用途地区が決定）した後は，奥行価格補正率はすべて正面路線の地区区分に従って適用されることです。

　正面路線の判定で採用した奥行価格補正率1.00は，乙の属する普通商業・併用住宅地区で奥行距離30mに適用される率です。正面路線が甲路線に決定した後は，甲の属する普通住宅地区で奥行距離30mに適用される0.95が適用されます。

(3)　二方路線影響加算

①　二方路地

　正面と背後の2方向で道路に面する画地は，住宅地では開放感に優り，商業地では自動車の出入りのしやすさ等により価値が上昇します。

　土地評価でも側方路線影響加算と同様に加算対象となります。加算率は，準角地の側方路線影響加算率と同等あるいは若干大きめの率となっています（**図表 5 −10**参照）。

図表 5 −10　二方路線影響加算率表（付表 3 ）

地区区分	加　算　率
ビ　ル　街　地　区	0.03
高　度　商　業　地　区 繁　華　街　地　区	0.07
普 通 商 業・併 用 住 宅 地 区	0.05
普　通　住　宅　地　区 中　小　工　場　地　区 大　工　場　地　区	0.02

②　二方路線影響加算の具体例

　図表 5 −11のように正面と背後に路線がある場合の宅地の評価額は，以下のような手順で求めます。

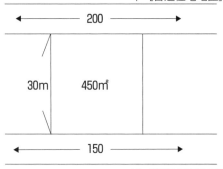

図表 5 −11 二方路線影響加算の例

甲 ［普通住宅地区］

200

30m 450㎡

150

乙 ［普通住宅地区］

(i) 正面路線価の補正

正面路線価　　奥行価格補正率　　補正後価格
200千円　×　0.95（30m）　＝　190千円

(ii) 裏面路線価加算額

裏面路線価　　奥行価格補正率　　二方路線影響加算率　　加算額
150千円　×　0.95（30m）　×　　　0.02　　＝　2,850円

(iii) 評価額の決定

　(i)　　　　(ii)　　　　地積
（190,000円　＋　2,850円）×　450㎡　＝　86,782,500円

3 形状などによる補正

(1) 細長い土地の評価

① 評価の具体例

　図表 5 −12のように道路に対して間口が狭く，奥行が長い，細長い形状を持つ宅地は，間口狭小補正率と奥行長大補正率を勘案して評価します。

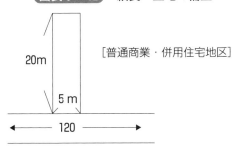

図表 5 － 12　細長い土地の補正

(i)　正面路線価の補正

路線価　　奥行価格補正率
120千円　×　1.00（20m）　=　120,000円

(ii)　間口狭小補正率

間口 5 mに対応する間口狭小補正率：0.97（**図表 5 － 13**参照）

(iii)　奥行長大補正率

奥行距離　　間口距離
20m　÷　5 m　=　4.0

奥行距離／間口距離　=　4.0に対応する奥行長大補正率：0.98（**図表 5 － 14**参照）

(iv)　1 ㎡当たり単価

路線価　　　　間口狭小補正率　　　奥行長大補正率
120,000円　×（　0.97　×　0.98　）=　114,072円

(v)　評価額

(iv)　　　　地積
114,072円　×　100㎡　=　11,407,200円

② 間口狭小補正率

　土地は間口が狭くなると日照・通風に難が生じるほか，車両の出入りに支障が出るなど土地の利用勝手が悪くなります。そのため，土地評価では**図表 5 － 13**のとおり間口狭小補正率を定めています。

　普通住宅地区では間口 8 m未満から補正率が生じるのに対し，繁華街地区

では4m未満でなければ補正をすることができません。繁華街は飲食店街なども含まれるため，小規模な地積の画地が多いことを勘案したためです。

他方で，大工場地区では間口28m未満から補正をするようになっています。大工場は数千㎡以上の画地で，間口が100m程度を標準的なものとして把握しているため，28m未満の間口から補正を要すると判断しています。

商業系では間口が大きい画地は収益性などが向上し，増価が発生します。都心部の百貨店や大型商業施設は道路との接面部分が広い方が，視認性に優り，顧客への広告効果が大きく，誘導しやすいからです。ただし，間口狭小補正率はあくまで間口が狭い画地を減額補正するのみで，間口が広いことによる増額補正はしません。

図表5−13 間口狭小補正率表（付表6）

地区区分 間口距離（m）	ビル街地区	高度商業地区	繁華街地区	普通商業・併用住宅地区	普通住宅地区	中小工場地区	大工場地区
4未満	−	0.85	0.90	0.90	0.90	0.80	0.80
4以上6未満	−	0.94		0.97	0.94	0.85	0.85
6 〃 8 〃	−	0.97			0.97	0.90	0.90
8 〃 10 〃	0.95					0.95	0.95
10 〃 16 〃	0.97		1.00				0.97
16 〃 22 〃	0.98	1.00		1.00	1.00		0.98
22 〃 28 〃	0.99					1.00	0.99
28 〃	1.00						1.00

③ 奥行長大補正率

奥行長大補正率は，奥行価格補正率と混同しやすいので注意が必要です。奥行価格補正は奥行自体が単に長いこと，あるいは短いことによる補正であるのに対して，奥行長大補正は奥行の間口に対する割合を勘案して補正するものです。

　土地はその用途（商業系や住宅系）に応じて標準的な画地規模（地積）があり，またその画地規模に応じた標準的な間口と奥行があります。

　間口に対して奥行が長い土地は，利用効率が低下し，その分，土地価格は低下します。そのため，土地評価でも**図表5－14**に定める補正率を適用します。

　①の事例でも対象土地の奥行は20mですから，奥行価格補正は働きません。奥行長大補正がなければ単に間口狭小補正のみの適用となってしまいます。このように，奥行長大補正率は間口狭小補正率とペアで適用されることが多く，2つの補正率が組み合わさって画地の実情に応じた補正をしています。

図表5－14　奥行長大補正率表（付表7）

地区区分 　　奥行距離 間口距離	ビル街地区	高度商業地区 繁華街地区 普通商業・ 併用住宅地区	普通住宅 地区	中小工場 地区	大工場地区
2以上3未満		1.00	0.98	1.00	
3 〃 4 〃		0.99	0.96	0.99	
4 〃 5 〃		0.98	0.94	0.98	
5 〃 6 〃	1.00	0.96	0.92	0.96	1.00
6 〃 7 〃		0.94		0.94	
7 〃 8 〃		0.92	0.90	0.92	
8 〃		0.90		0.90	

(2)　不整形地の評価

①　評価の具体例

　図表5－15のような形状が劣る宅地に関しては，その形状によって，いくつかの評価方法がありますが，ここでは最もオーソドックスな想定整形地を使用した手法を説明します。

対象土地を取り囲む形で想定整形地を作成し，想定整形地の地積から対象土地の地積を控除した部分（かげ地）を求め，かげ地面積を想定整形地の地積で割り戻して，かげ地割合を求めます。そして，かげ地割合によって対象土地の不整形地補正率を抽出し，評価に採用します。

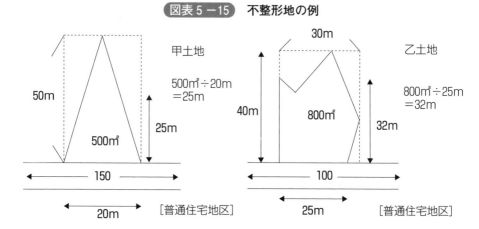

図表 5 −15　不整形地の例

具体的に2つの事例を紹介します。

(i) 甲土地

A　正面路線価の補正

路線価　　　奥行価格補正率
150千円 × 0.97（25m） = 145,500円

B　不整形地補正率の査定

・想定整形地の地積　　間口　　奥行
20m × 50m = 1,000㎡

・かげ地割合の査定

想定整形地の地積　　対象土地の地積　　　　想定整形地の地積
（　1,000㎡　−　500㎡　）÷　1,000㎡

= 50%

・不整形地補正率の査定：地積区分B（**図表 5 −16**参照）　かげ地割合50%

∴　0.82（**図表 5 −17**参照）

C　1㎡当たり単価

路線価　　　　不整形地補正率
145,500円　×　　0.82　　　＝　119,310円

D　評価額

C　　　　　　地積
119,310円　×　500㎡　＝　59,655,000円

(ii)　乙土地

A　正面路線価の補正

路線価　　　奥行価格補正率
100千円　×　0.93（32m）　＝　93,000円

B　不整形地補正率の査定

間口　　　奥行
・想定整形地の地積　　30m　×　40m　＝　1,200㎡

・かげ地割合の査定

想定整形地の地積　　対象土地の地積　　　想定整形地の地積
（　　1,200㎡　　－　　　800㎡　　）÷　　　1,200㎡

＝　33.3%

・不整形地補正率の査定：地積区分C　（**図表5－16**参照）　かげ地割合33%

∴　0.96（**図表5－17**参照）

C　1㎡当たり単価

路線価　　　不整形地補正率
93,000円　×　　0.96　　　＝　89,280円

D　評価額

C　　　　　地積
89,280円　×　800㎡　＝　71,424,000円

② **不整形地補正率**

不整形地補正率は，対象土地の属する地区および対象土地の地積を付表4「地積区分表」（**図表5－16**参照）で照らし合わせて，A，BおよびCのど

図表 5 −16　地積区分表（付表 4 ）

地区区分＼地積区分	A	B	C
高 度 商 業 地 区	1,000㎡未満	1,000㎡以上 1,500㎡未満	1,500㎡以上
繁 華 街 地 区	450㎡未満	450㎡以上 700㎡未満	700㎡以上
普通商業・併用住宅地区	650㎡未満	650㎡以上 1,000㎡未満	1,000㎡以上
普 通 住 宅 地 区	500㎡未満	500㎡以上 750㎡未満	750㎡以上
中 小 工 場 地 区	3,500㎡未満	3,500㎡以上 5,000㎡未満	5,000㎡以上

図表 5 −17　不整形地補正率表（付表 5 ）

かげ地割合＼地積区分	高度商業地区，繁華街地区，普通商業・併用住宅地区，中小工場地区			普通住宅地区		
	A	B	C	A	B	C
10%以上	0.99	0.99	1.00	0.98	0.99	0.99
15% 〃	0.98	0.99	0.99	0.96	0.98	0.99
20% 〃	0.97	0.98	0.99	0.94	0.97	0.98
25% 〃	0.96	0.98	0.99	0.92	0.95	0.97
30% 〃	0.94	0.97	0.98	0.90	0.93	0.96
35% 〃	0.92	0.95	0.98	0.88	0.91	0.94
40% 〃	0.90	0.93	0.97	0.85	0.88	0.92
45% 〃	0.87	0.91	0.95	0.82	0.85	0.90
50% 〃	0.84	0.89	0.93	0.79	0.82	0.87
55% 〃	0.80	0.87	0.90	0.75	0.78	0.83
60% 〃	0.76	0.84	0.86	0.70	0.73	0.78
65% 〃	0.70	0.75	0.80	0.60	0.65	0.70

区分に該当するかを確認します。その上で，対象土地を取り囲む形の整形地（想定整形地）を作成して，「かげ地」割合を算出し，そのかげ地割合と該当する区分（A〜C）によって付表5「不整形地補正率表」(**図表5−17**参照)に定める補正率を拾い出します。

　地積区分表により地積区分が3段階に分かれているのは，不整形であることによる土地の減価割合は単純に形状の度合いだけで決まるものではなく，対象土地の面積が大きく関係しているためです。

　たとえば，地積が大きい土地では，形状が劣っても標準的規模の建物建築にさほど大きな支障をきたすわけではありません。しかし，地積が小さい土地では，わずかに形状がいびつとなるだけで建てられる建物面積に大きな制約が生じます。建物は基本的には長方形などの整形のものでなければ建築費が著しく増加するからです。

　かげ地割合を採用している理由は，対象土地を取り囲む想定整形地が対象土地の地積に応じた最も近似の整形地であり，想定整形地から対象土地を控除した部分（かげ地）が利用できない土地（死に地）になると考えているためです。

③　想定整形地の取り方

　想定整形地は，対象土地の全域を取り囲む長方形または正方形の土地ですが，必ず正面路線を中心に基本的な底辺とし，正面路線から垂線を引く形で対象土地の外周を囲みます。

　正面路線が屈曲路の場合は，それぞれの路線を底辺として想定整形地を作成し，いずれか小さい方が想定整形地となります。

④ がけ地などによる補正

(1) がけ地の評価

① がけ地を有する宅地

　がけ地とは，急傾斜地その他で通常の用途に供することができないと認められる部分をいいます。近年，全国的にゲリラ豪雨などが多発し，一定規模のがけ地等は「土砂災害防止法」に基づく「土砂災害警戒区域」や「土砂災害特別警戒区域」，あるいは「急傾斜地の崩壊による災害の防止に関する法律」による「急傾斜地崩壊危険区域」として指定されることがあり，不動産市場ではその災害発生の危険性やその程度を重視して取引価格が形成されます。

　がけ地等を有する宅地とは，平坦部分とがけ地部分等が一体となっている宅地であり，たとえば，ヒナ段式に造成された住宅団地に見られるような，擁壁部分（人工擁壁と自然擁壁を問いません）を有する宅地です。

　このような宅地のがけ地部分等は，採光，通風等により平坦宅地部分へプラスの効用を与えていると認められますが，がけ地そのものは通常の用途に供することができません。全体を通常の用途に供することができる宅地に比べて減価があると認められるため，がけ地補正率表によるがけ地補正を行うとされています。

　このように，がけ地補正率が適用されるがけ地等を有する宅地とは，平坦部分とがけ地部分等が一体となっている宅地をいい，平坦部分である宅地とそれ以外の部分（山林，雑種地等）を別の評価単位として評価すべき場合は該当しません。

② 具体的な評価

　がけ地等で通常の用途に供することができないと認められる部分を有する宅地の価額は，その宅地のうちに存するがけ地等ががけ地等でないとした場合の価額に，その宅地の総地積に対するがけ地部分等の通常の用途に供することができないと認められる部分の地積の割合に応じて，付表8「がけ地補正率表」（**図表5－18**参照）に定める補正率を乗じて計算した価額によって評価します。**図表5－19**の場合，以下のように評価します。

(ⅰ)　がけ地割合の査定（総地積に対するがけ地部分の割合）

　　　がけ地の地積（B）÷ 総地積（A ＋ B）

　＝　60㎡ ÷（180㎡ ＋ 60㎡）

　＝　0.25

(ⅱ)　がけ地補正率の査定

　　　がけ地の方位：南斜面

　　　がけ地補正率：0.92

(ⅲ)　評価額

　　　路線価　　　奥行価格補正率　　がけ地補正率　　　地積
　　　300千円 × 1.00（20m）× 　0.92　　× 240㎡

　＝　66,240,000円

③ がけ地補正率表

　がけ地補正率表は，傾斜地であることによる宅地としての利用制限と，傾斜地の方位を勘案して，傾斜地を将来，宅地転用した際の潜在価値を重視して定めているようです。

　具体的には，付表8「がけ地補正率表」で定めるとおり，がけ地地積の総地積に対する割合と，傾斜方位の2つをもとに，対象土地に適用される補正率を求めます。

　補正率表に記載されている「南方位」とは，北から南に下がっていく傾斜地のことです。4方位のうち，南方位が最も減額割合が小さいですが，これは将来，がけ地部分を宅地転用した際，北から南に下って段々に平地を設置

図表 5 -18 がけ地補正率表（付表 8 ）

がけ地地積／総地積	南	東	西	北
0.10 以上	0.96	0.95	0.94	0.93
0.20 〃	0.92	0.91	0.90	0.88
0.30 〃	0.88	0.87	0.86	0.83
0.40 〃	0.85	0.84	0.82	0.78
0.50 〃	0.82	0.81	0.78	0.73
0.60 〃	0.79	0.77	0.74	0.68
0.70 〃	0.76	0.74	0.70	0.63
0.80 〃	0.73	0.70	0.66	0.58
0.90 〃	0.70	0.65	0.60	0.53

図表 5 -19 がけ地の補正

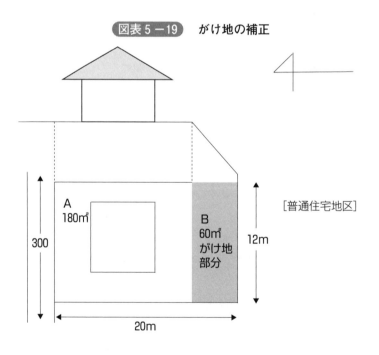

［普通住宅地区］

することができ，日照・通風に優るためです。逆に，北方位は冬季に日照条件が劣るため，宅地開発には不向きとされており，補正率の減額割合も大きくなっています。

④　方位が南東などの場合

がけ地の傾斜方位が南東，南西，北東，北西などの場合は，以下のような修正を行います。

（計算例：がけ地割合が25％の場合（**図表5－18**参照））

　　　がけ地割合0.25の場合の南方位のがけ地補正率：0.92

　　　がけ地割合0.25の場合の東方位のがけ地補正率：0.91

　　　（0.92 ＋ 0.91）÷ 2 ＝ 0.91（小数点以下第2位未満切捨て）

(2)　土砂災害特別警戒区域による補正

①　土砂災害防止法

近年，全国的に土砂災害が増える中で，土砂災害防止法で規定する土砂災害警戒区域（通称：イエローゾーン）や土砂災害特別警戒区域（通称：レッドゾーン）の指定範囲が急速に広まっています。

土砂災害防止法では，都道府県知事は，以下の区域を指定することができると規定され，特にレッドゾーンでは，建築物の移転等の勧告や建築物の構造規制などが課せられることから，一定の減価が生ずるものと判断され，平成31年から新たな評価方法が採用されました。なお，イエローゾーンに対しては特に補正はされません。

(i)　**土砂災害警戒区域（通称：イエローゾーン）**

急傾斜地の崩壊，土石流および地滑りの発生のおそれが高い一定の範囲内の区域。

(ii)　**土砂災害特別警戒区域（通称：レッドゾーン）**

上記の急傾斜地の崩壊に伴う土石等の移動等により住民の生命や身体に著しい危害が生ずるおそれのある一定の区域。

② 具体的な評価

　レッドゾーンを有する宅地の価額については，その宅地のうちのレッドゾーン部分がないものとした場合の価額に，その宅地の総地積に対するレッドゾーンとなる部分の地積の割合に応じて，付表9「特別警戒区域補正率表」（**図表5−20**参照）に定める補正率を乗じて計算した価額によって評価します。**図表5−21**の場合，以下のように評価します。

図表5−20 特別警戒区域補正率表（付表9）

特別警戒区域の地積 ／ 総地積	補正率
0.10以上	0.90
0.40 〃	0.80
0.70 〃	0.70

図表5−21 レッドゾーンの補正

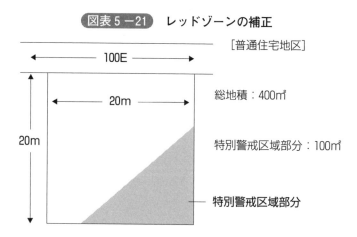

（i）レッドゾーン割合の査定（総地積に対するレッドゾーン部分の割合）

レッドゾーン部分　　総地積
100㎡　　　÷　400㎡　=　0.25

118

(ii)　評価額

　　　　路線価　　　奥行価格補正率　　特別警戒区域補正率　　　　地積
　　　100千円　×　1.00（20m）　×　　　0.90　　　×　400㎡

　　=　36,000,000円

③　レッドゾーンの中にがけ地がある場合

　レッドゾーンは，基本的には地勢が傾斜する地域に指定される場合が多く，がけ地補正率の適用がある場合には，特別警戒区域補正率表により求めた補正率にがけ地補正率を乗じて得た数値を特別警戒区域補正率とします（ただし，その最小値は0.50）。

　図表5－22の場合，以下のように評価します。

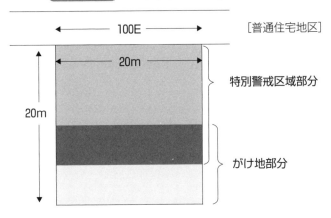

図表5－22　レッドゾーンの中にがけ地がある場合

総地積：400㎡
がけ地（南方位）部分：200㎡
特別警戒区域部分：300㎡

(i)　レッドゾーン割合の査定（総地積に対するレッドゾーン部分の割合）

　　レッドゾーン部分　　総地積
　　　300㎡　　÷　400㎡　=　0.75

(ii) がけ地割合の査定（総地積に対するがけ地部分の割合）

　　　　がけ地部分　　　　総地積
　　　　200㎡　÷　400㎡　＝　0.50

(iii) 特別警戒区域補正率

　　特別警戒区域補正率表の補正率　　　南方位のがけ地補正率　　　本事案の特別警戒区域補正率
　　　　　　0.70　　　　　　×　　　　　0.82　　　＝　0.57（小数点以下第2位未満切捨て）

(iv) 評価額

　　　路線価　　奥行価格補正率　　特別警戒区域補正率　　　地積
　　　100千円　×　1.00（20m）×　　　　0.57　　　×　400㎡

　＝　22,800,000円

☕ Coffee break

この価額で売れるの？

　実際にレッドゾーンやイエローゾーンに指定されている土地を見に行くと，一見するだけで豪雨時などは危険だなと感じます。特にレッドに指定されている場所は急傾斜地やその直下であることが一般的で，不動産取引市場では，レッドを含む土地は低額でしか売買されません。

　地球温暖化が進み，気候の変化が原因と思われる大型台風の到来やゲリラ豪雨の発生で，毎年どこかで大きな被害をもたらします。生命の安全を脅かすような土地に住みたい人はいません。地域状況にもよりますが，一般的にはレッドゾーンが大半を占めるような宅地は，売買価値が乏しいのが現実です。

　ところが，付表9「特別警戒区域補正率表」では，レッドの割合が70％以上でも，補正率は0.70，つまり30％の減価しか認めていません。

　このように評価通達による土地評価では，実勢価格より割高となる危険性があります。評価通達は全国一律で適用されるものであり，地域の実情をすべて反映しているわけではありません。土地評価をする際には，この価額で本当に売却できるのだろうかと疑いの目で確認することも大事です。

第 **6** 章

倍率方式による宅地評価

倍率方式とは，固定資産税評価額に倍率を乗じて計算した金額によって評価する方式です。倍率は，地価事情の類似する地域ごとに，その地域にある宅地の売買実例価額，地価公示価格，不動産鑑定士等による鑑定評価額，精通者意見価格等をもととして国税局長が決定しています。

倍率方式は，路線価方式が採用される地域以外で用いられます。具体的には，市街化調整区域，非線引き区域（の多く），都市計画区域外のほか，一部の市街化区域も該当します。

路線価方式による宅地評価と異なり，倍率方式による宅地評価は，固定資産税評価額に倍率を掛けるだけだから簡単だと思うかもしれません。しかしながら，固定資産税評価額そのものに隠れた問題を抱えているケースや，課税明細に固定資産税評価額が記載されていない場合もあります。

まずは，課税明細の読み方を確実に理解しましょう。

1 倍率方式

(1) 倍率方式とは

　財産評価基準書は都道府県別に編纂され，そのうち，評価倍率表は市区町村別で表示されています。倍率の表示区分は，町丁表示の地域では町や丁目単位，大字小字表示の地域では大字単位となっているのが通常です。

　宅地（自用地）であれば，評価対象土地の固定資産税評価額に評価倍率表で表示された倍率を乗じれば，相続税評価額を算定できます。

　ただし，同じ大字でも幹線道路沿いで商業地的要素があるエリアと，その背後で商業地的要素がほとんどないような状況では，単に大字でひとくくりにすることは評価上公平とはいえません。したがって，明らかに地価水準や地価の価格形成要因が異なる場合は，「国道○○号線沿い」と「上記以外の地域」などと区分されます。

　路線価方式と比較すると地域のとらえ方におおざっぱな観がありますが，相続税・贈与税の発生する事例が少ないエリアに路線価を設定するのは徴税コストがかかりすぎるため，倍率方式は広く利用されています。

　地方では相続財産である土地のほとんどが倍率地区に存在するため，第5章の路線価方式による宅地評価を必要としないことも珍しくありません。

(2) 固定資産税評価額

① 固定資産税

　固定資産税は，固定資産（土地，家屋等）に対し，その固定資産所在の市町村において課税されます。固定資産税の課税団体は市町村（ただし，東京都23区内にあっては東京都）であり，毎年1月1日（賦課期日）現在の固定資産の所有者等（所有者のほか，質権または100年を超える地上権の目的である土

地についてはその質権者または地上権者）が納税義務者となります。

　固定資産税の特色は，課税団体である市町村が土地および家屋を独自に評価し，毎年度の課税標準を定めていることです。この土地および家屋の評価額を固定資産税評価額といい，土地等の所有者（納税義務者）に毎年4月以降，課税明細が送付されてきます。

　課税明細を見れば，納税義務者が所有する土地の課税地目，地積，評価額，課税標準などを把握することができるようになっています。郵送されてくる課税明細のほか，市役所等で固定資産評価証明や名寄帳を取得することもできます（その名称は自治体によって若干異なります）。

②　固定資産税評価

　1つの市町村内に所在する土地と家屋は膨大な数に上ります。固定資産税は課税行政上，市町村自らが評価をしなければなりませんが，毎年，すべての土地と家屋の評価を行うことは，事務量と費用の観点からかなり困難です。

　そこで，評価と課税の事務の簡素化，合理化さらに税収を安定させるために，固定資産税では3年ごとに土地および家屋の評価業務をすることとされ，これを「評価替え」といいます。平成以降，評価替えは平成3年，6年，9年と3の倍数単位で実施されています。直近では平成30年度評価替え，令和3年度評価替え，令和6年度評価替えとなり，次回は令和9年度評価替えです。

　評価替えの年度のことを基準年度といい，その翌年は第2年度，翌々年は第3年度となります。基準年度に存在する土地および家屋の課税標準となる価格については，基準年度の価格を3年間据え置くこととします。したがって，第2年度と第3年度の土地および家屋の価格は，基準年度の価格と同額となります。

③　土地の固定資産税評価額

　宅地の固定資産税評価額は地価公示価格の7割程度と規定されています。

相続税評価額は地価公示価格の8割程度とされていますので，単純に固定資産税評価額と相続税評価額の割合を地価公示ベースで比較すると7：8，つまり相続税評価額は固定資産税評価額の$\frac{8}{7}$倍（≒1.14倍）となります。評価倍率表で宅地欄を確認すると，1.1倍や1.2倍が多いことに気づきますが，その理由はこの割合のためです。

　また，相続税の路線価は毎年1月1日時点の価格を7月1日に公開していますが，固定資産税の土地価格は基準年度の初日の属する年の1月1日現在（令和6年度評価替えであれば，令和6年1月1日）の価格ではなく，その前年の1月1日の価格（令和6年度評価替えであれば，令和5年1月1日）となっています。

　土地評価の基準となる日のことを価格調査基準日といいます。価格調査基準日が前年1月1日となっているのは，市町村内の土地すべてを評価しなければならないことから，評価作業に要する時間を確保するためです。

---

② 固定資産税課税明細の見方

(1) 評価単位（画地）の確定

① 画地確定をしないといけない理由

　倍率地区であっても宅地の評価単位である画地確定は必要です。倍率方式は，宅地の各筆の固定資産税評価額に倍率を乗じるだけだからと安易に考えてはいけません。

　たしかに，3筆から構成される居宅敷地（自用）であれば，わざわざ3筆で1画地として各筆の評価額を集計してから倍率を乗じても，各筆評価額に直接倍率を乗じて，その結果を集計しても同じ評価額となります。

　しかしながら，画地を確定しなければ，自用地と貸家建付地との区分ができません。自己使用している居宅敷地は自用地，第三者に家屋を賃貸してい

る場合は貸家建付地となります。また，「小規模宅地の課税価格の特例」の
適用を受ける場合でも，画地の確定をしなければ適用面積を把握することが
できません。

② 倍率地区では

　倍率方式が適用される地域では，一般的に市街地的形態となっておらず，
また公図も旧土地台帳図面を引き継いだものなど，土地の位置・形状等があ
いまいなものが少なくなく，現地で筆の特定をすることが難しい場合が少な
くありません。

(2)　固定資産税課税明細の活用

① 読み方

　上記のように公図等だけでは評価対象土地の各筆の範囲と建物配置状況が
把握しにくい場合には，課税明細などを確認し，固定資産税を課税する側
（課税権者）が各土地をどのように把握しているかチェックすると役立ちます。
　図表6−1で1〜3番は「小規模住宅用地」，「一般住宅用地」と記載され，
4〜6番は「非住宅用地」となっています。筆界確定と実測をしなければ，
誰も正確なことはわかりませんが，少なくとも固定資産税課税上は，1〜3
番は居宅敷地，4〜6番は作業所敷地と認定しています。

図表6-1　固定資産税課税明細の見方

令和6年度　土地・家屋課税明細

納税義務者　○○　○○　様　　　　　　　　　　　　　　　○○○　市

区分	物件の所在地	登記地目・現況地目		地積（㎡）	評価額（円）
土地	○○町1番	宅地	宅地（住宅用地）	100	2,000,000
			小規模住宅用地	(50)	
			一般住宅用地	(50)	
土地	○○町2番	宅地	宅地（住宅用地）	200	4,000,000
			小規模住宅用地	(100)	
			一般住宅用地	(100)	
土地	○○町3番	宅地	宅地（住宅用地）	100	2,000,000
			小規模住宅用地	(50)	
			一般住宅用地	(50)	
土地	○○町4番	宅地	宅地（非住宅用地）	100	2,000,000
土地	○○町5番	宅地	宅地（非住宅用地）	50	1,000,000
土地	○○町6番	宅地	宅地（非住宅用地）	150	3,000,000

②　住宅用地と非住宅用地

　地方税法では，専ら人の居住の用に供する家屋の敷地等を「住宅用地」と認定し，固定資産税（および都市計画税）の課税標準を軽減する特例があります。住宅用地は，専用住宅または併用住宅（店舗併用住宅等）の敷地の全部ではなく，法令によりその範囲を定めています。

　専用住宅であれば，家屋の床面積の10倍までが住宅用地の上限とされ，そのうち，200㎡までの部分は「小規模住宅用地」，200㎡を超える部分は「一般住宅用地」と認定されます。

　床面積の10倍を超える部分，あるいはそもそも住宅用地ではない宅地は，「非住宅用地」の扱いを受けます。

　固定資産税の住宅用地に関する扱いは**図表6-2**のとおりです。

126

　居宅敷地に関して市町村は，固定資産税の課税実務上，住宅用地の判定を
する必要があり，居宅敷地と作業所敷地を明確に区分することとされます
（ただし，作業所等が小規模な場合は，居宅の附属建物扱いとなり，全体が住宅用
地となっている場合もあります）。

図表 6 - 2　土地固定資産税等の税額計算

1．固定資産税および都市計画税には「住宅用地の課税標準の特例」があります。
2．課税標準の特例について

	固定資産税特例率	都市計画税特例率
小規模住宅用地	1／6	1／3
一般住宅用地	1／3	2／3
非住宅用地	なし	なし

3．上記の特例率は「画地」単位で与えられます。
4．基本的に住宅家屋の延床面積の10倍までの地積が住宅用地扱いになります（＝床面積の10倍限度規定）。
5．小規模住宅用地は住居の数ごとに200㎡を与えられます。
6．具体的な例1：（専用住宅1戸：延床面積100㎡，地積300㎡の場合）
　上記規定により200㎡が小規模住宅用地，100㎡は一般住宅用地となります。
7．具体的な例2：（店舗併用住宅など）
　この場合，居住部分の割合に応じて，住宅用地となる率が定められます。

家　屋	居住部分の割合	適用される率
地上階数5以上かつ 耐火構造建築物	1／4以上1／2未満	0.5
	1／2以上3／4未満	0.75
	3／4以上	1.0
上記以外	1／4以上1／2未満	0.5
	1／2以上	1.0

例①　店舗併用住宅（1階店舗150㎡，2階居宅100㎡，計250㎡，地積500㎡の場合）
　上記適用率から，小規模住宅用地200㎡，一般住宅用地50㎡，非住宅用地250㎡
　となります。
例②　地上階数5階，耐火構造の共同住宅（1階店舗100㎡，2階事務所100㎡，3～
　5階居宅（各50㎡専有部分計6戸）各階100㎡，地積500㎡の場合）
　上記適用率から，小規模住宅用地375㎡，非住宅用地125㎡となります。

③ 固定資産税評価額が付されていない場合

(1) 近傍類似評価

① 非課税地

　地方税法上，固定資産税は，固定資産の所有者（公共団体等）による非課税（人的非課税）とその固定資産の用途（公益性や政策目的）による非課税（物的非課税）が定められています。

　人的非課税である土地が相続税等の対象となることはまれでしょうが，物的非課税である土地が相続税の課税対象となることはしばしばあります。たとえば，相続開始直前まで学校用地として無償で貸し出ししていた宅地が，その後，返還され，その直後に課税時期を迎えた場合などは，課税明細を見てもその宅地に固定資産税評価額は記載されていません。

② 近傍類似評価

　①の場合，近傍から対象土地と物理的状況が類似である同一課税地目の土地の固定資産税評価額をもとに，対象土地の固定資産税評価額を求め，これに倍率を乗じることになります。

　倍率方式により評価する土地について，課税時期において，固定資産税評価額が付されていない場合や地目の変更等により現況に応じた固定資産税評価額が付されていない場合には，その土地の現況に応じ，状況が類似する付近の土地の固定資産税評価額をもととし，付近の土地とその土地との位置，形状等の条件差を考慮して，その土地の固定資産税評価額に相当する額を算出し，その額に評価倍率を乗じて評価します。

(2)　固定資産税上の土地評価方式

　近傍類似の土地評価額を知るためには，まず固定資産税の土地評価の仕組みを知る必要があります。固定資産税評価では，宅地（および宅地比準土地）は地方税法に定める固定資産評価基準によって評価され，具体的には以下の２つの評価方法に大別されます。

①　市街地宅地評価法（路線価式評価法）

　市街地宅地評価法とは，街路ごとに，当該街路に沿接する標準的な宅地の１㎡当たりの価格を表す路線価を付設し，この路線価に基づいて所定の「画地計算法」を適用し，各筆の評点数を求めることによって路線額を算定するものです。土地の評価単位は「画地」をもって行うのが一般的です。相続税等の土地評価でいうところの路線価方式とほぼ同じ仕組みです。

②　その他の宅地評価法（標準宅地比準方式）

　その他の宅地評価法とは，当該市町村内の宅地の沿接する道路の状況，公共施設の接近の状況，家屋の過密度その他宅地の利用状況がおおむね類似していると思われる地区を区分し，これらの地区ごとに選定した標準的な宅地の評点数に基づいて所定の「宅地の比準表」を適用し，各筆の評点数を求める方法です（同一状況類似地区内で同一単価を与えていることもあります）。

　この評価方法は，田，畑および山林の評価方法と同じもので，別名「標準宅地比準方式」とも呼ばれています。

(3)　近傍類似価格の求め方

①　市街地宅地評価法地区の場合

　固定資産税の土地評価上，各市町村は「路線価」を持っています。これは固定資産税評価の路線価であり，相続税路線価とは異なります。現在，総務省は市町村に対し，固定資産税の土地評価上，市街地宅地評価法の適用範囲

拡大を推奨しています。

相続税路線価と異なる点は，たとえ市街化調整区域や非線引き区域であっても，固定資産税路線価が存在することです。固定資産税路線価が設定されている地域は，相続税路線価地域よりもかなり広範囲となっていることに注意が必要です。

倍率方式で土地評価を行う際には，対象土地の前面道路に固定資産税路線価が付設されているか確認すべきです。固定資産税路線価は市町村の税務課（資産税課）で閲覧することができるほか，最近ではホームページで固定資産税路線価を公開している市町村も増えています。

一般財団法人資産評価システム研究センターが公表しているウェブ「全国地価マップ」にアクセスすれば，全国の固定資産税路線価等（路線価がないエリアは標準宅地価格）を確認することができます（ただし，一部の自治体は，固定資産税路線価データを提供していない場合があります）。

対象土地の前面「路線価」をもとに，土地評価上の画地調整を施せば，対象土地の近傍類似固定資産税評価額を算出できます。これに倍率を乗ずれば相続税評価額となります。

②　その他の宅地評価法地区の場合

その他の宅地評価法地区は，ひとまとまりの地域を状況類似地区ととらえ，同一状況類似地区内の宅地は，１つの標準宅地（固定資産税評価上の鑑定地）の鑑定価格から比準して各宅地の評価額を算出しています。その他の宅地評価法では，奥行や形状などに評点を付けて補正を行う場合（簡易な画地計算あり）と，同一状況類似地区内の宅地はすべて同じ単価を付する場合（画地計算なし）に分けられます。

したがって，対象土地の属する状況類似地区でどのように評価されているかについて市役所等でヒアリングをし，適宜対処する必要があります。基本的には，状況類似地区内の鑑定価格をベースに，対象土地の画地条件に即した画地調整を施して求めた価格に倍率を乗じて，相続税評価額とすることに

なります。

③　近傍類似価格証明

　固定資産税評価額等が付されていない宅地の場合，市役所等の税務課に「近傍類似価格証明」を申請すれば，対象土地の近傍類似価格を証明してくれます。この近傍類似価格は，あくまで対象土地の属する地域の「標準価格」を示すものであり，対象土地の実情に応じた価格ではないことに留意する必要があります。

☕ Coffee break

倍率方式はブラックボックス！

　税理士を含め，納税者側にとって，倍率方式は比較的容易な評価方法といえます。固定資産税評価額を入手し，評価倍率表で倍率を拾い出して，掛け算をするだけで済むからです。

　しかしながら，固定資産税評価額がどのようなプロセスを経て算定されているかを知っている人はほとんどいません。固定資産税の土地評価は，市役所等の実務担当者や不動産鑑定士など一部の人しか仕組みがわからない「ブラックボックス」状態です。

　これまであまり関心を引かなかった倍率方式の土地評価やその評価額が大きくクローズアップされるかもしれません。

　地方では，土地需要が少なく，実際の売却は困難になる一方です。「相続土地国庫帰属制度」という，相続で取得した土地を有料で国に引き取ってもらう制度も令和5年4月から開始されました。いよいよ土地も粗大ごみのようにお金を支払って処分する時代を迎えたのです。

　これに伴って，どうして，この土地にこのような高い固定資産税評価額が付くのかと疑問に感じる人が増えてくる可能性は高いと思います。固定資産税評価額の算定プロセスに注目が集まることは確実であり，税理士として是非とも理解しておきたいポイントになりそうです。

第 **7** 章

個別事情による宅地評価

前章までは，路線価をもとに，評価対象宅地の奥行や形状などの物理的な特性を評価に反映することや，角地や二方路地など道路との接面態様により補正する方法を学びました。

それ以外にも，土地は都市計画法などの法規制が及ぶことや，土地そのものに特殊な事情を抱え，特殊な補正や評価方法を採用することがあります。

この章では，土地の個別事情による宅地評価のうち，実務的にしばしば見受けられるケースをいくつか紹介します。

1 地積規模の大きな宅地

(1) 地積規模の大きな宅地の評価の意義

① 地積規模の大きな宅地とは

　地積規模の大きな宅地とは，三大都市圏においては500㎡以上の地積の宅地，三大都市圏以外の地域においては1,000㎡以上の地積の宅地をいいます（評価対象土地が「地積規模の大きな宅地の評価」の対象に該当するかどうかは，**図表7－1**のチャート図によって判定します）。

② 地積規模の大きな宅地の評価の意義

　専ら一戸建一般住宅用地が標準的な使用方法と認められる地域では，一定規模以上の規模の大きな土地（開発用地）は，通常，都市計画法に規定する開発許可を取得して，戸建分譲住宅団地として利用されることになります。

　このような土地を開発する際には，開発許可基準や自治体が定める開発指導要綱等に基づき，開発道路や公園等の公共・公益的施設の設置が必要となり，その土地すべてが宅地利用されるわけではありません。

　分譲販売される各住宅地の地積合計の当該開発用地に対する割合を「有効宅地化率」といいますが，有効宅地化率は開発用地の規模が大きくなるにつれて，低減していく傾向を示します。なぜなら，規模が大きくなるほど，開発道路だけでなく公園・緑地の設置割合が増加するからです。

　また，開発用地は戸建分譲用地として整備されるまでに相当の計画・準備・工事期間を必要とし，この期間も開発用地の規模が大きくなるにつれて，長期化することが一般的です。さらに，開発用地に造成工事や上下水道等のインフラを整備（造成工事費用の発生）し，開発期間内の販売管理費の負担も多大なものとなります。

図表 7 − 1　地積規模の大きな宅地の評価

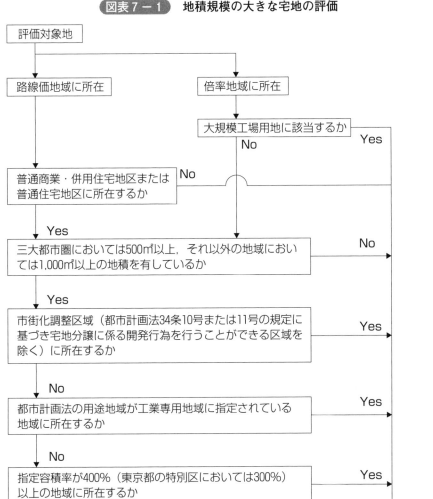

以上の開発実態を踏まえ，土地評価上取り入れられたのが，この地積規模
の大きな宅地の評価です。

③ 三大都市圏

三大都市圏とは，首都圏整備法，近畿圏整備法および中部圏開発整備法によって定められる一定の範囲です。

具体的には，国税庁公表の「地積規模の大きな宅地の評価」適用チェックシートに記載されている三大都市圏一覧表で，評価対象土地が三大都市圏に該当するかどうかを確認します。

なお，一覧表で「一部」と記載されている自治体があります。これは，三大都市圏が設定された当時には，三大都市圏に該当しなかった自治体が，いわゆる「平成の大合併」等により大きく集約されたためです。同一市町であっても，三大都市圏に該当するエリアと該当しないエリアの双方を有するため，評価対象土地がどちらに所在するかの確認が欠かせません。

(例) 神奈川県の場合

神奈川県	全　域	横浜市，川崎市，横須賀市，平塚市，鎌倉市，……
	一　部	相模原市

(2) 計算式

地積規模の大きな宅地の評価の対象となる宅地の価額は，原則として，次に掲げる区分に従い，それぞれ次により計算した金額によって評価します。

① 路線価地域に所在する場合

地積規模の大きな宅地の価額は，路線価に奥行価格補正率や不整形地補正率などの各種画地補正率のほか，規模格差補正率を乗じて求めた価額に，その宅地の地積を乗じて計算した金額で評価します。

路線価 × 奥行価格補正率 × 各種画地補正率 × 規模格差補正率 × 地積

②　倍率地域に所在する場合

次に掲げる(i)の価額と(ii)の価額のいずれか低い価額により評価します。

(i)　その宅地の固定資産税評価額に倍率を乗じて計算した価額

(ii)　その宅地が標準的な間口距離および奥行距離を有する宅地であるとした場合の 1 ㎡当たりの価額に，普通住宅地区の奥行価格補正率や各種画地補正率のほか，規模格差補正率を乗じて求めた価額に，その宅地の地積を乗じて計算した価額

③　規模格差補正率

規模格差補正率は，次の算式により計算します（小数点以下第 2 位未満は切り捨てます）。

$$規模格差補正率 = \frac{A \times B + C}{地積規模の大きな宅地の地積（A）} \times 0.8$$

上記算式中の「B」および「C」は，地積規模の大きな宅地の所在する地域に応じて，それぞれ**図表 7 - 2**のとおりです。

図表 7 - 2　規模格差補正率の B と C

(1)　三大都市圏に所在する宅地

地　積	普通商業・併用住宅地区，普通住宅地区	
	B	C
500㎡以上 1,000㎡未満	0.95	25
1,000㎡以上 3,000㎡未満	0.90	75
3,000㎡以上 5,000㎡未満	0.85	225
5,000㎡以上	0.80	475

(2)　三大都市圏以外の地域に所在する宅地

地　積	普通商業・併用住宅地区，普通住宅地区	
	B	C
1,000㎡以上 3,000㎡未満	0.90	100
3,000㎡以上 5,000㎡未満	0.85	250
5,000㎡以上	0.80	500

(3) 計算事例

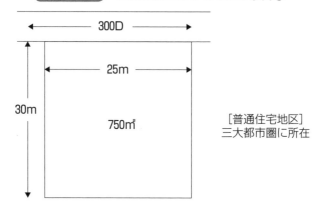

図表7－3　地積規模の大きな宅地の事例①

300D

25m

30m

750㎡

[普通住宅地区]
三大都市圏に所在

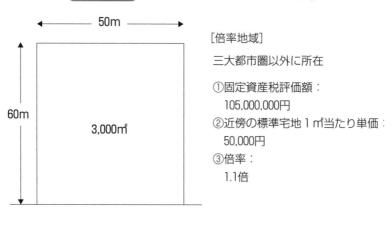

図表7－4　地積規模の大きな宅地の事例②

50m

60m

3,000㎡

[倍率地域]

三大都市圏以外に所在

①固定資産税評価額：
　105,000,000円
②近傍の標準宅地1㎡当たり単価：
　50,000円
③倍率：
　1.1倍

① 図表7－3の場合

(ⅰ) 規模格差補正率の計算（小数点以下第2位未満切捨て）

$$\frac{750㎡ \times 0.95 + 25}{750㎡} \times 0.8 = 0.78$$

(ii)　評価額

$$
\underset{\text{路線価}}{300\text{千円}} \times \underset{\text{奥行価格補正率}}{0.95\,(30\text{m})} \times \underset{\text{規模格差補正率}}{0.78} \times \underset{\text{地積}}{750\text{m}^2} = 166{,}725{,}000\text{円}
$$

② 　図表 7 － 4 の場合

(i)　標準的な 1 m²当たりの価額の計算

$$
50{,}000\text{円} \times \underset{\text{倍率}}{1.1\text{倍}} = 55{,}000\text{円}
$$

(ii)　規模格差補正率の計算（小数点以下第 2 位未満切捨て）

$$
\frac{3{,}000\text{m}^2 \times 0.85 + 250}{3{,}000\text{m}^2} \times 0.8 = 0.74
$$

(iii)　評価額

$$
55{,}000\text{円} \times \underset{\text{普通住宅地区の奥行価格補正率}}{0.86\,(60\text{m})} \times \underset{\text{規模格差補正率}}{0.74} \times \underset{\text{地積}}{3{,}000\text{m}^2}
$$

$$
= 105{,}006{,}000\text{円} \qquad (< \ 105{,}000{,}000\text{円} \times 1.1 = 115{,}500{,}000\text{円})
$$

2 　容積率による補正

---

(1)　1 画地の宅地が容積率の異なる 2 以上の地域にわたる場合

①　容積率による補正の意味

　容積率は，敷地面積に対する建物の延床面積の割合をいいます。容積率が大きいほど，建物の階数を高く設定でき，建築可能な床面積が増えるため，土地の有効利用を図ることができます。

　土地の高度利用が可能であればあるほど，地価は高くなるのが一般的です。路線価方式の地域では，容積率の多寡も路線価自体に反映されています。

　ところが，容積率は都市計画法によって面的に指定されるのに対し，路線価は道路や路節単位で設定されているため，必ずしも容積率の相違を路線区

分に的確に反映できない場合があります。

　したがって，容積率の異なる2以上の地域にわたる土地で一定の条件を満たすものに関しては，容積率の減額部分に対応した減額補正を認めることとされています。

② 具体的な事例

　図表7－5のA地では，土地全体が容積率400％の指定を受けるため，この土地上に建てられる建物の限度床面積は1,200㎡（＝300㎡×400％）です。

　他方でB地では，容積率400％の指定を受けるのは土地全体300㎡のうち180㎡で，残りの120㎡は容積率200％です。したがって，B地に建てられる建物の限度床面積は960㎡（＝180㎡×400％＋120㎡×200％）となり，土地全体に対する割合は320％（＝960㎡÷300㎡）に留まります。

　このように容積率の異なる2以上の地域にわたる場合は，対象土地に適用される容積率をそれぞれ加重平均して，対象土地に係る実質的な容積率を求めます。

図表7－5　容積率による補正

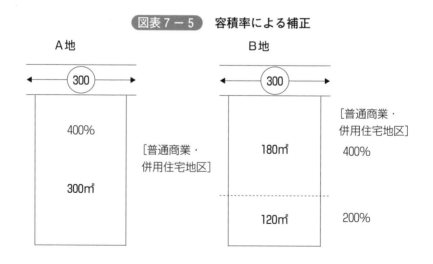

③　計算式

　容積率の異なる2以上の地域にわたる宅地の価額は，奥行価格補正等の画地調整を施して評価した価額から，その価額に次の算式により計算した割合を乗じて計算した金額を控除した価額によって評価します。この場合に適用する「容積率が価額に及ぼす影響度」は，**図表7－6**のとおりです。

$$\left[1 - \frac{\text{容積率の異なる部分の各部分に適用される容積率}}{\text{正面路線に接する部分の容積率 × 宅地の総地積}}\right] \times \begin{array}{l}\text{容積率が価額に}\\\text{及ぼす影響度}\end{array}$$

＊上記算式により計算した割合は，小数点以下第3位未満を四捨五入して求めます。

図表7－6　**容積率が価額に及ぼす影響度**

地区区分	影響度
高度商業地区，繁華街地区	0.8
普通商業・併用住宅地区	0.5
普通住宅地区	0.1

　図表7－5のB地は，以下のような式で評価額を求めます。

(i)　**減額割合**

　〔1 － （400% × 180㎡ ＋ 200% × 120㎡）÷ （400% × 300㎡）〕× 0.5
　= 0.10

(ii)　**評価額（奥行価格補正率：1.00とします）**

　・減額補正前：300千円 × 300㎡ ＝ 90,000,000円
　・減額補正後：90,000,000円 － （90,000,000円 × 0.1）= 81,000,000円

④　影響度

　影響度は，高度商業地区，繁華街地区で0.8，普通商業・併用住宅地区で0.5であるのに対して，普通住宅地区はわずか0.1です。

これは不動産市場で容積率の格差が商業地域で大きく反映されるのに対して，住宅地域では容積率による価格差がさほど生じないからです。

商業地域等では容積率100％単位を「1種」いくらという感覚で地価を決めることがあり，400％地域ならば1種50万円で200万円などと売買交渉されます。住宅地域ではマンション用地を除けば，容積率限度いっぱいまで居宅を建築することが多くはありません。

(2) 容積率による減額補正をしない場合

① 容積率が分かれる箇所で路線価が異なっている場合

この場合，指定容積率が高い地域に設定される路線価が高額で，容積率が低い地域の路線価が低額であれば，路線価自体に容積率格差が含まれていると考えるのが自然です。

したがって，対象土地の間口距離に応じて正面路線価を調整し，その調整した路線価を対象土地に適用する正面路線価と判定します。

② 計算式（図表7－7のA地の場合）

(i) 調整正面路線価

対象土地の間口距離に応じて正面路線価を調整します。路線価200千円に接する部分の間口距離が10m，路線価180千円に接する部分は同じく10mです。

（200千円 × 10m ＋ 180千円 × 10m） ÷ （10m ＋ 10m）

＝ 190千円

(ii) 評価額

正面路線価 　奥行価格補正率 　　地積
190千円 × 1.00（20m） × 400㎡ ＝ 76,000,000円

③　1画地の正面路線に接する部分の容積率が2以上であるものの，その正面路線に接する部分の容積率と異なる容積率の部分がない（容積率格差が路線価に反映されていない）場合

この場合，容積率の格差による減額調整は行いません。

容積率は土地の価格に大きな影響を与える価格形成要因の1つですが，住宅地域のように容積率限度まで建物を建てることがほとんどないような場合は，容積率の格差が地価の価格形成にさほど関係ありません。したがって，**図表7－7**のB地では正面路線価をもとに通常どおりの評価を行います。

図表7－7　容積率による減額補正をしない例

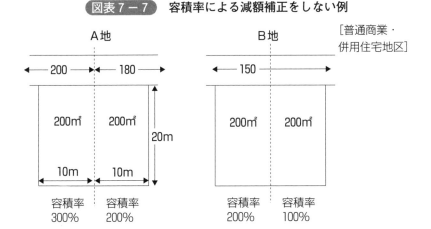

③　私　道

(1)　私道の意義

①　私道とは

私道とは，公道に対する用語であり，一般的には私人が所有している道路と解されます。私道は，ミニ分譲開発の際に設置される引込み道路や，複数

の土地所有者が公道に至るまでの区間を通路として利用することで形成されるものがほとんどです。

したがって、**図表7－8**のB部分のように、宅地Aへの通路として専用利用している路地状部分は単なる敷地内通路と解され、私道として評価することはせず、隣接する宅地Aとともに1画地の宅地として評価します。

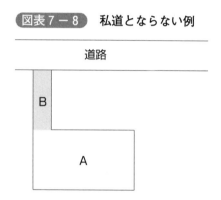

図表7－8 私道とならない例

② **不特定多数の者の通行の用に供されている場合**

他方で、私道が不特定多数の者の通行の用に供されているときは、その私道の価額はゼロです。

「不特定多数の者の通行の用に供されている」例を具体的に挙げると、次のようなものがあります（**図表7－9**参照）。

（i）　公道から公道へ通り抜けできる私道（A）

（ii）　行き止まりの私道であるが、その私道を通行して不特定多数の者が地域等の集会所、地域センターおよび公園などの公共施設や商店街等に出入りしている場合などにおけるその私道（B）

（iii）　私道の一部に公共バスの転回場や停留所が設けられており、不特定多数の者が利用している場合などのその私道（C）

図表 7 − 9　不特定多数の者の通行の用に供されている例

A　公道　私道　公道

B　公道　私道　公民館

C　公道　私道　バス転回場

　不特定多数の者の通行の用に供されている私道に関しては，たしかに私人の所有権は残ってはいるものの，実際に第三者の通行に利用され（公共公益性），また私道の廃止等は事実上制限されること（処分困難性）等を考慮し，評価額をゼロとすることが認められています。

　したがって，評価ゼロとなる私道に関しては，必ずしも建築基準法上の道路である必要はなく，道路幅員が 2 m未満であっても認められます。

(2)　計算式

①　一般的な場合

　私道の用に供されている宅地の価額は，通常の土地評価額の30％に相当する価額によって評価します。ただし，私道が不特定多数の者の通行の用に供されているときは，その私道の価額はゼロです。

　図表 7 −10の例（間口 6 m，奥行部分18mの私道部分）では，以下のとおり計算します。

正面路線価　　奥行価格補正率　　間口狭小補正率　　奥行長大補正率　　補正率　　地積　　持分
100千円　×　1.00（18m）　×　0.97（ 6 m）　×　0.96　×　0.3　×　108㎡　×　1／6

＝　502,848円

145

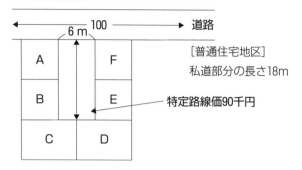

図表 7 −10 私道の用に供されている宅地の例

［普通住宅地区］
私道部分の長さ18m

特定路線価90千円

② 特定路線価がある場合

当該私道に納税者等からの申請によって特定路線価が設定された場合には，特定路線価に30％を乗じた価額と上記価額を比較して低い方の価額を採用します。**図表 7 −10**で特定路線価が90千円と通知を受けた場合は，次のように特定路線価から求めた486,000円が当該私道の評価額となります。

特定路線価 補正率 地積 持分
90千円 × 0.3 × 108㎡ × 1／6 ＝ 486,000円

③ 私道に接面する宅地評価

図表 7 −10で私道部分に特定路線価90千円が設定された場合，B，C，DおよびE土地の価額は特定路線価により評価しなければなりませんが，A土地やF土地の価額の評価にあたっては，この特定路線価に基づく側方路線影響加算を行う必要はありません。AおよびF土地は正面路線価を100千円として中間画地として評価します。

(3) 私道が倍率地区にある場合

① 原 則

その私道が不特定多数の者の通行の用に供されているときは，評価ゼロとなります。

行き止まり状道路など，専ら特定の者の通行の用に供されている宅地（私道）の価額は，その宅地が私道でないものとして評価した価額の30％相当額で評価します。

②　私道部分が固定資産税評価額でも私道として評価されている場合

私道部分である土地の固定資産税評価額が，私道であることを考慮して算定されている場合には，その宅地が私道でないものとした場合の固定資産税評価額に倍率を乗じて評価した価額の30％相当額で評価します。

固定資産税評価額が私道として評価されているのであれば，単純に倍率を乗じてしまえばよさそうに感じます。しかしながら，市町村によって微妙に私道評価の方法が異なるため，固定資産税評価額が私道として評価されているにもかかわらず，わざわざ私道ではないものとした場合の固定資産税評価額に置き換えることにしているのです。

たとえば，行き止まり状私道であっても建築基準法上の位置指定道路となっているなど一定の条件を満たせば，固定資産税評価上は非課税となり，評価額ゼロとしている市町村も少なくありません。

固定資産税は，市町村税であり，基本的な評価は地方税法に定める固定資産評価基準によって行われますが，細かい事項は各市町村が独自に定める土地評価要領などによって規定されます。

したがって，固定資産税評価額をそのまま採用すると，ある自治体ではゼロ評価となる一方，別の自治体では若干の評価額が算定されるなど，自治体間により相続税評価額が異なり，全国一律で評価課税している国税にとっては課税上の公平を失することになり，都合が悪くなるのです。

4 土地区画整理事業施行中の宅地

(1) 土地区画整理事業

① 土地区画整理事業とは

　土地区画整理事業は，区画整然とした良質な宅地供給を目的に，道路・公園等の整備を含めた市街地開発事業の1つです。多くの場合，土地区画整理組合を設立し，組合が施行者となって，換地計画を定め，それに従って区画整理工事を実施して，区画整理が一定以上進展した段階で仮換地を指定（使用収益を開始）し，最後に換地処分を行い事業が結了します。

② 土地区画整理事業のスケジュール

　施行区域内の土地に関して，時間的流れを示すと以下のとおりとなります。

- (i) 従前地（工事を施行する前の状態）
- (ii) 仮換地指定（土地区画整理事業施行後の換地予定地を指定する）
- (iii) 工事進行（土地区画整理事業の工事が進行する）
- (iv) 使用収益開始決定（仮換地の指定の効力発生日：仮換地を使用することが可能となる）
- (v) 換地処分（本換地＝仮換地の住所地番，地積等が登記される）

③ 仮換地指定の効力

　従前地について権限に基づき使用収益することができる者は，仮換地の指定の効力発生の日から換地処分の公告がある日まで，仮換地について，従前地について有する権利の内容と同じ使用収益をすることができますが，従前地については，使用収益をすることができません。

　仮換地について権限に基づき使用収益することができる者は，仮換地の指定の効力発生の日（仮換地について使用収益を開始することができる日を別に定めた場合には，その日）から換地処分の公告がある日まで，当該仮換地を使用収益することができません。

〔例〕

所有者	従前地	仮換地
甲	A　地	B　地
乙	C　地	な　し
丙（保留地取得者）	な　し	D地（保留地）

　仮換地の指定の効力発生日から換地処分の公告がある日までの間は，各土地所有者は，以下のとおりの権利関係となります。

(i)　甲

　　所有権はA地にあり，A地を売買し，A地に抵当権を設定できます。

　　使用収益権はB地にあり，B地上に建物を建築できます。

(ii)　乙

　　所有権はC地にあり，C地を売買し，C地に抵当権を設定できます。

　　使用収益権はどこにもありません。

(iii)　丙

　　使用収益権はD地にあります。抵当権をD地に設定することはできません。D地を第三者へ譲渡することは一般的には禁止されています（施行者の承認を必要とすることが多いです）。

(2)　土地区画整理事業施行区域内の土地評価

　土地区画整理事業施行区域内の土地評価は，区画整理事業の進捗状況に応じて異なります。

① 仮換地指定前

土地区画整理事業が開始されても，仮換地指定前であれば，従前地の土地所有者は従前地しか使用収益していませんから，当然，従前地を評価します。

② 仮換地指定後

通常は仮換地指定と仮換地の使用収益開始決定は同時に行われます。土地区画整理事業施行区域が広大である場合，仮換地指定は施行区域内一斉ではなく，ほぼ物理的な区画整理事業が完了されたエリアから順次指定されていくことが一般的です。仮換地指定後は，仮換地を評価することになります。

ただし，エリアによっては造成工事が一部未了のままとなっていることもあります。仮換地の造成工事が施行中で，その工事が完了するまでの期間が１年を超えると見込まれる場合の仮換地の価額に相当する価額は，その仮換地について造成工事が完了したものとして評価した価額の95％に相当する金額によって評価します。

③ 仮換地の指定はされているものの使用収益開始決定がされていない場合

通常は仮換地指定と使用収益開始決定は同時ですが，区画整理事業によっては，まず仮換地を指定し，その後，造成工事が進捗した後，別に使用収益開始決定をすることがあります。

近年の土地区画整理事業では事業期間が長期化する傾向が強く，やむを得ず２段階になっている側面があるようです。このような場合，仮換地が指定されても，その仮換地を使用収益できるわけではないため，土地評価では従前地を評価することになります。

同様に，仮換地の指定はされているものの造成工事未着手の場合も，従前地を評価します。

(3)　留意事項

①　個別評価

　国税局は，土地区画整理事業施行区域内を「個別評価」地区に指定します。したがって，申告実務上は，所轄税務署に個別評価申出書を提出し，通知を受けた個別評価額に基づき評価額を算出します。

　個別評価とは，税務署内部では土地区画整理地域内の路線価等を管理していて，納税者等からの申出に対して，個別に評価額を示す方式を意味します。路線価は，換地処分後あるいは換地処分前であっても，区画整理事業がほぼ完了したと認められる段階で公開されます。

②　清算金

　土地区画整理事業では，換地計画で換地を定めるときは，換地と従前地の位置，地積，土質，水利，利用状況，環境等が照応するように定めなければならない（換地照応の原則）とされています。

　しかし，すべての土地を均衡に照応させることは不可能であり，どうしても過不足が生じます。そこで，その過不足は金銭により清算するものとし，換地計画でその額を定めることになっています。換地処分の公告により，個々の地権者の清算金が確定します。

　評価実務上，換地処分の公告により徴収または交付を受ける清算金のうち，課税時期において確定している額は，仮換地の評価額から控除し，または加算することになっています。

⑤ セットバックを要する土地

(1) セットバック

① 2項道路（建築基準法42条2項）

　建築基準法では，建物を建てようとする敷地が，原則として幅員4m以上の道路に接面していなければ建物建築が認められません。

　建築基準法の規定が適用される際，すでに建物が建ち並んでいる幅員4m未満の道路で，特定行政庁（建築確認など建築行政を管轄する行政機関のことで，具体的には建築主事を置く市町村では市町村長，それ以外は都道府県知事です）が指定したものを通称「2項道路」といいますが，2項道路に面する宅地は，一定の範囲を敷地後退するセットバックを条件に建物建築が許可されます。

　その場合，道路の中心線から水平距離2mの線をその道路の境界線（**図表7−11のA参照**）とみなします。ただし，中心線から2m未満で，一方ががけ地，川，線路敷地等である場合は，がけ地等の拡幅が困難であるため，がけ地等から4mの線が道路の境界線とみなされます（同B参照）。

　したがって，対象土地上に建物を建替え等する際には，道路との境界線とみなされる部分までセットバックし，道路敷地として提供することになります。

② 減額される額

　対象土地の前面道路が2項道路に該当する場合，道路に面する一定範囲を将来，セットバックしなければならないため，当該部分は通常の土地評価額から70％相当額を控除できます。

　セットバック部分を有する宅地の価額は，その宅地について道路敷地として提供する必要がないものとした場合の価額から，その価額に次の算式によ

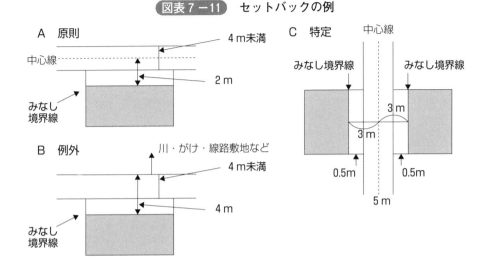

図表7－11　セットバックの例

り計算した割合を乗じて計算した金額を控除した価額によって評価します。

$$\frac{セットバック面積}{その土地の全体地積} \times 0.7$$

③　例　外

　セットバック部分は通常，セットバック後の幅員が4mとなるように計算
されますが，例外があります。

(i)　3項道路（建築基準法42条3項）

　やむを得ない場合は，道路の中心線から2m未満1.35m以上の範囲におい
て，一方ががけ地等である場合は，4m未満2.7m以上の範囲において，緩
和されることがあります。

(ii)　特定行政庁指定区域で6m未満の道（図表7－11のC参照）

　道路幅員が6mと指定された区域内にあって特定行政庁の指定があったも
のは，幅員が6m未満であっても道路とみなされます。この場合には，現況
道路の中心線から水平距離3m（特定行政庁が周囲の状況により避難および通
行の安全上支障がないと認める場合は2m）ずつ両側に後退した線が道路の境

界線とみなされます。

④ 留意事項

　評価実務上は，対象土地の前面道路が 2 項道路に該当するか，2 項道路に該当する場合にはセットバック面積がいくらなのかを確認する必要があります。

　2 項道路かどうかは市役所等の建築指導課等で確認します。自治体によっては，2 項道路の指定は，現実に建物の新築・再築等の申請があって初めてなされることもあり，調査時期に 2 項道路の指定がなされていなくとも，建替え等を前提に 2 項道路扱いを受けるかどうかが重要になります。

　また，セットバック距離に関しては，通常，現況（現地実測値）が優先されますが，詳細な道路位置図を管理している自治体では，認定幅員値を採用することもできます。

(2)　すでにセットバックされている部分の評価

①　セットバック部分が空き地状態となっている場合

　セットバックしている部分が分筆されておらず，外観上，道路とは別の空き地状況である場合は，私道とみなされ，セットバック部分に関しては通常の土地評価額から70％相当額を控除した額が評価額となります。

　セットバック部分は，建築基準法上の道路扱いを受けるものの，土地所有権はそのまま残っていることから，私道と同一視されるためです。

②　外観上，道路と一体化している場合

　セットバック部分に舗装が施され，外観上，道路として一体化（アスファルト舗装等）しており，人や自動車の通行の用に供されている場合は，公衆用道路として評価不要となります。

　公道と同一視されるのであれば，「不特定多数の者の通行の用に供されている」状況となり，その部分はゼロ評価が妥当と判断されるためです。

③ 留意事項

　セットバック済み敷地の場合，セットバック部分が道路と一体化していると，外観上，公道境界との区別がつかない場合があります。対象土地が分筆されておらず，近隣の土地がそろってセットバックしていると，よほど注意をしない限り，現場確認のみでセットバックをしている事実を把握することは困難です。

　評価対象土地の前面道路が２項道路であり，現況幅員が４ｍある場合は，その道路がもともと４ｍであったのかどうか，相続人にヒアリングしたり，市役所等で状況確認したりすべきです。

☕ Coffee break

モクミツ地域

　東京には，山手線外周部を中心に木造住宅密集地域，通称「モクミツ地域」が広範に分布しています。これらの木造家屋は築年数が古く，老朽化が進み，現行の耐震基準を満たしていないものが少なくありません。

　東京で大地震が発生した場合，モクミツ地域において，建物の倒壊や同時多発的な火災により大規模な市街地火災が発生するおそれがありますが，狭い道路では倒壊した家屋などで交通が遮断されてしまいます。

　被災者の避難や火災時の消火活動に多大な支障が生じることは確実であり，多くの都民の生命と安全が脅かされ，緊急活動や物流などの都市機能に大きなダメージを与えてしまいます。

　東日本大震災以降，モクミツ地域では行政がセットバックを推進し，その部分は積極的に舗装等を行い，地域の不燃化対策を強化していますが，権利関係が複雑であったり，費用が多額にかかったりなどの理由で進捗状況は非常に遅れています。

　古い家屋の耐震補強と道路のセットバック推進は，来るべき震災に備えるための喫緊の課題なのです。

6 都市計画道路予定地

(1) 都市計画道路予定地とは

① 都市計画道路とは

都市計画道路予定地は，都市計画により指定され，将来道路用地として買収される土地ですが，実際に道路工事事業がいつ行われるかは未定です。したがって，道路用地として買収されるまでの期間が長期にわたり，その間ずっと土地の利用制限を受けます。

② 利用制限

都市計画法は，以下のように規定しています。

建築物の建築は，原則として都道府県知事の許可が必要です。ただし，階数2以下であり地階を有しないもの，および主要構造部が木造，鉄骨造，コンクリートブロック造その他これらに類する構造であるもので，容易に移転，除去できる場合は，原則として許可されます。

道路工事事業を遂行する際に，建物撤去をすることになるため，撤去が容易な構造のものは認めるという主旨です。

(2) 都市計画道路予定地の評価

① 概 要

評価対象土地に都市計画道路予定地が含まれている場合は，都市計画道路予定地面積の対象土地全体地積に対する割合と，対象土地が属する地区および容積率によって補正割合を求め，通常の土地評価額（都市計画道路予定地の区域内となる部分が都市計画道路予定地の区域内となる部分でないものとした場合の価額）に当該補正割合を乗じて評価します。

②　補正率表

　都市計画道路予定地による利用制限は，2 階建て程度の戸建住宅しか建て
られない地域であれば，影響はそれほど大きくありません。逆に，商業地域
で容積率600％といった高層の建物が建てられる地域であれば，2 階建てま
でしか建てられないという利用制限は大きなものになります。

　したがって，補正率表では，地区区分が商業系ほど，また容積率が大きい
ほど，減価率が大きくなるように規定されています（**図表 7 −12**参照）。

図表 7 −12　**都市計画道路予定地の補正率表**

地区区分 容積率 地積割合	ビル街地区，高度商業地区		繁華街地区，普通商業・併用住宅地区				普通住宅地区，中小工場地区，大工場地区		
	700%未満	700%以上	300%未満	300%以上400%未満	400%以上500%未満	500%以上	200%未満	200%以上300%未満	300%以上
30%未満	0.88	0.85	0.97	0.94	0.91	0.88	0.99	0.97	0.94
30%以上60%未満	0.76	0.70	0.94	0.88	0.82	0.76	0.98	0.94	0.88
60%以上	0.60	0.50	0.90	0.80	0.70	0.60	0.97	0.90	0.80

③　計算式

　具体的な事例を検証します（**図表 7 −13**参照）。

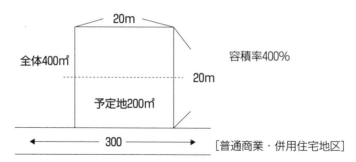

図表7－13 都市計画道路予定地の例

20m

全体400㎡

容積率400%

20m

予定地200㎡

300

［普通商業・併用住宅地区］

（i） 通常の土地評価額

　　　正面路線価　　奥行価格補正率　　　地積
　　　300千円　×　1.00（20m）　×　400㎡　＝　120,000,000円

（ii） 補正率の判定

　　　・地区区分　普通商業・併用住宅地区

　　　・地積割合　200㎡／400㎡　＝　50％

　　　・容積率　　400％　　　　　　　　　　　　　　∴　補正率0.82

（iii） 評価額

　　　120,000,000円　×　0.82　＝　98,400,000円

④　予定地面積の概測

　都市計画道路予定地の確認は，市役所等の都市計画課等に赴き，都市計画
図を閲覧します。多くの市町村ではホームページで都市計画図を公開してい
ますが，ホームページの画面では，単におおまかな都市計画道路のラインが
描かれているだけで，具体的に対象土地にどの程度かかっているかを確認す
ることはできません。

　対象土地に都市計画道路予定地が含まれている場合は，都市計画課等で詳
細図面の提供を求めます。ただし，都市計画道路ラインはあくまで予定地で
あるため，実測に基づくものではなく，「絵」にすぎません。

　したがって，対象土地に含まれる都市計画道路予定地面積は，詳細図面か

ら縮尺に従って図上概測することになります。申告上，予定地面積を証明するため詳細図面を入手し，概測数値を記載しておくとよいでしょう。

⑤　都市計画事業認可後の土地

　都市計画道路事業とは，都市施設として都市計画決定した道路（街路）のうち，事業者が事業認可を取得し，事業を実施することです。

　事業認可とは，都市計画法の規定に基づき，認可権者（国土交通大臣または都道府県知事）が事業者（市町村等）からの認可申請に対して与える行政処分のことです。事業認可がなされると，事業の障害となる土地の形質変更や建物の建築等について制限が働くことや事業地内の土地建物の先買権が付与されるなど法的効果が発生します。

　したがって，事業認可がされると，道路部分（拡幅・新設）の境界確定，実測，用地買収などが順次行われていきます。

　しかし近年，自治体の財政状況悪化と国の補助金削減等により，事業認可がされているにもかかわらず，長期間にわたり，事業が滞るケースが増加しているようです。このような場合は，対象土地の置かれている状況が都市計画道路予定地とほぼ同一視されるため，予定地としての減額補正をしてよいことになります。

　ただし，予定地としての減額補正は，用地買収がされる時期が不透明であることが前提条件です。対象土地が課税時期時点ですでに公共用地として買収されることが確実であり，さらに予定対価の額が明らかである場合は，上記の都市計画道路予定地として減額補正することはできません。

いつになったら道路ができるのか？

　都市計画道路予定地は，かなり古い時代に指定されたものもあり，都市部では第2次世界大戦以前に指定されていることも珍しくありません。高度経済成長期に全国的に多くの都市計画道路が計画されました。

　しかしながら，現在では人口減少・過疎化などが進み，都市計画道路が一体，いつになったら実現するのか，首をかしげたくなるような事例も目立つようになりました。現場を訪れ，周囲の環境を見渡すと，「おそらく100年経っても道路は完成していないだろうな」と確信できるようなケースもあります。

　都市計画道路予定地は，2階建家屋ならば建築が許可されるとはいうものの，土地の高度利用はできません。公共事業の土地収用と異なり，補償金が出るわけでもありません。

　このような状況から，多くの自治体では既存の都市計画道路を見直す動きが活発化しています。対象土地に都市計画道路予定地が含まれる場合は，直近で見直しなどがなかったかどうかの確認も必要です。

⑦　利用価値の著しく低下している土地

(1)　原　則

①　評価の考え方

　土地の利用価値が，付近にある他の宅地の利用状況から見て著しく低下していると認められるものの価額は，その宅地について利用価値が低下していないものとして評価した場合の価額から，利用価値が低下していると認めら

れる部分の面積に対応する価額に10％を乗じて計算した金額を控除した価額によって評価することができます。

②　利用価値の著しく低下している状況

　国税庁は，利用価値の著しく低下している状況の例示を以下のとおりとしています。

(ⅰ)　道路より高い位置にある宅地または低い位置にある宅地で，その付近にある宅地に比べて著しく高低差のあるもの

(ⅱ)　地盤に甚だしい凹凸のある宅地

(ⅲ)　震動の甚だしい宅地

(ⅳ)　上記(ⅰ)～(ⅲ)以外の宅地で，騒音，日照阻害，臭気，忌み等により，その取引金額に影響を受けると認められるもの

(ⅴ)　宅地比準方式によって評価する農地または山林について，その農地または山林を宅地に転用する場合において，造成費用を投下してもなお宅地としての利用価値が著しく低下していると認められる部分を有するもの

---

③　計算式

　利用価値が著しく低下している部分を有する土地の評価に関して計算式で示せば，以下のとおりとなります。

$$\text{通常の土地評価額（A）} - \text{A} \times \frac{\text{利用価値の低下している部分の面積}}{\text{全体地積}} \times 10\%$$

　ただし，路線価または倍率等が，利用価値の著しく低下している状況を考慮して付されている場合には，原則としてこのような減額はできません。

(2)　道路との高低差

①　原　則

　図表7－14では，A宅地は道路との高低差が等高ですが，B宅地は道路から低い位置にあります。**図表7－15**は，逆にA宅地は道路より高い位置にあ

るのに対して，B宅地は道路との高低差は等高です。

　これらの場合，道路に付設されている同一の路線価で評価すると，A宅地とB宅地の評価バランスを失することになります。したがって，道路との高低差により利用価値が著しく低下している部分に関して，通常の土地評価額の10%相当額を控除します。

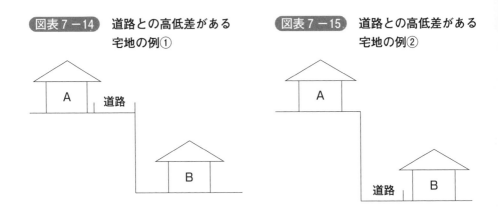

図表7−14　道路との高低差がある宅地の例①

図表7−15　道路との高低差がある宅地の例②

②　高低差の考え方

　実務上，判断に悩むのは，道路との高低差があれば，いつでも10%の評価減が認められるわけではないことです。近隣の標準的な宅地に比較して，対象土地と道路との高低差が一定以上あり，かつ，その高低差によってその宅地の利用価値が「著しく」低下していることが必要条件となっています。

　実務では，道路との高低差があることを理由に評価減を実施して申告したものの，税務当局により評価減が否認され，紛争となることが少なくないため，注意が必要です。

　評価減が認められるにはどのような条件を満たしているかを確認することが重要なポイントとなります。

(i)　住宅地の場合

　住宅地は，その宅地地盤が道路より若干高いことが一般的です（カーポート等部分を除きます）。地域によって異なりますが，平地で30〜50cm，傾斜地

であれば2mを超すことも珍しくありません。住宅地の効用は，日照・通風が重視されるため極端な高さでない限り，道路面より高い位置にあることは大きな減額要素とはなりません。

　むしろ道路より地盤が低い場合は，雨天時に雨水が道路から流れ込むなど宅地利用に悪影響を及ぼします。実際，対象土地が住宅地で単に道路より地盤が高いということだけで評価減をすると，税務調査等の際に否認されるケースが多いようです。

(ii)　商業地の場合

　商業地は，地盤が道路と等高であることが普通です。商業地は人や自動車の出入りがしやすい方が有利となるためです。幹線道路沿いの路線商業地域（ロードサイド）を例にとると，道路との高低差が著しく高い場合，道路から敷地内に人や自動車が出入りしやすくするために特別な工事を必要とするなどの減価要素が発生します。逆に，地盤が道路より多少低くともデメリットはさほど生じません。

(3)　騒音・日照阻害・いみ施設

①　考え方

　不動産取引市場で，土地の売買金額に大きな影響を与える特別な事情としては，対象土地の南方に高層建物が建てられていることによる日照阻害，あるいは鉄道・高速道路に近接することによる騒音・振動，汚水処理場等に近接することによる悪臭，さらに火葬場・墓地などいみ施設に近接することによる心理的抵抗感などが挙げられます。

②　実務上の留意点

　騒音・日照阻害・いみ施設等により土地評価を減額した事案では，多くの裁決事例等があります。一定範囲内の部分が「著しく利用価値の低下している宅地」と認められたケースがあれば，いみ施設の存在による評価減は路線価自体に織り込まれており，個別に評価減を行うことは妥当ではないとした

裁決もあります。

③ 路線価にしんしゃくされているかどうかの確認

実務的には，路線価にそのような事情が反映されているかどうかの確認が問題となります。道路の高低差に関しては，同一路線に面する宅地がすべて同じような高低差があるのかどうかがポイントになります。

高速道路の高架や鉄道に近接する地域では，原則として，高架の側道部分や鉄道線路に並行に沿った道路に付設される路線価にはそのような事情が反映されているはずですが，これらと垂直に交差するような路線には影響を勘案することは困難です。

第 **8** 章

借地権・貸宅地・貸家建付地

土地は所有権だけでなく，その土地上に第三者所有の建物建築のために借地権が設定されることや，土地所有者自らが建物を建て，その建物の一部または全部を第三者に賃貸することがあります。

財産評価では，土地の上に存する権利を地上権，区分地上権，永小作権，区分地上権に準ずる地役権など数種類に区分し，それぞれ評価方式を定めています。

この章では，その中で実務上，対応することの多い借地権の評価方式と，借地権が設定される宅地（貸宅地）あるいは賃貸用建物が存する宅地（貸家建付地）の評価方式を学びます。

借地権は，建物の所有を目的とする地上権または土地の賃借権をいいます。借地権は，さらに普通借地権，一般定期借地権，事業用定期借地権，建物譲渡特約付借地権および一時使用目的の借地権に区分されますが，この章では普通借地権を中心に説明します。

① 借地権

(1) 借地権の評価

① 借地権の価額

　借地権の評価額は，その借地権が設定されている宅地の自用地としての価額に，借地権割合を乗じて求めます。

自用地評価額 × 借地権割合 ＝ 借地権評価額

② 借地権割合

　借地権割合は，路線価方式では路線価にA～Gの記号で表示されます（A＝90％，B＝80％，C＝70％，D＝60％，E＝50％，F＝40％，G＝30％）。倍率方式では，評価倍率表で地域ごとにパーセントで表示されます。

③ 留意事項

　評価通達上の借地権は，借地借家法上の借地権，すなわち建物所有を目的とする地上権または土地賃借権であるため，借地権評価をするかどうかは，借地上の建物が法律的に建物として認定されるかどうかが重要なポイントとなります。

　建物は，土地に定着した建造物であり，不動産登記実務上，建物の要件として外気分断性（壁等で囲まれていること），定着性（土地に定着していること），用途性（建物としてその用途性があること）が必要とされています。

　建物として認められない構築物の所有を目的とする賃借権等は，評価通達上の借地権には該当せず，建物の所有を目的とする借地権とは区別して，その賃借権または地上権の権利の内容に応じて個別に評価します。

(2)　借地権の範囲

①　借地権の及ぶ範囲

　借地権の及ぶ範囲は，建物敷地および建物維持のために必要な範囲だけでなく，借地契約の内容およびその権利形態，地代および一時金の額，さらに建物を含むその土地の利用形態など事実関係を総合的に勘案して判断します。

　なお，建物敷地と駐車場とが明確に別画地となるような場合は，原則として駐車場部分には建物所有目的としての借地権の効力は及びません。

　たとえば，スーパーなどが店舗敷地以外に駐車場を運営している場合，その駐車場が建物敷地と道路などで分断される場合は，それぞれ別画地として評価します（**図表8－1の例①**）。

図表8－1　借地権の具体例

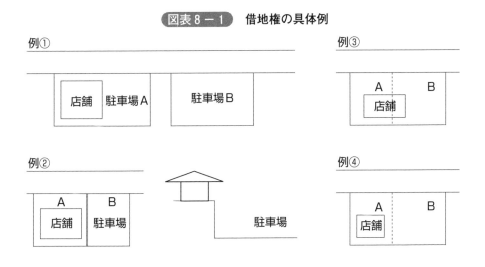

②　一体画地の場合

　評価実務上，別画地とするかどうか判断に悩むのは，複数筆から成る一体画地です。たとえば，同一敷地内で段差やフェンス等がある場合，あるいは複数筆個々の土地賃貸借契約の内容が異なるもの，または建物の対象土地上

の配置状態がいびつなもの，さらに建物の建築面積が土地に比較して著しく小さい場合などです。

　これらの個々の事情による借地権の範囲に関しては，非常に多くの裁決事例や判例等がありますが，単に借地権が認められたかどうかを把握するだけでは参考とはならず，個々のケースの個別事情をよく理解しなければならないので注意が必要です。

③　判断材料

　借地権の範囲を確定し，評価の単位である画地を確定するにあたっては，以下の事情が有力な判断根拠となります。

(i)　契約内容

　建物所有目的の地上権または土地賃借権としての契約になっているかどうか。複数の地主と契約を交わしている場合，建物が存しない部分に関して単なる民法上の借地（駐車場目的等の借地借家法が適用されない土地賃貸借）としての契約となっていないかどうか。

　なお，建物所有目的の借地契約となっていても，裁判上，借地権が確実に認められるわけではないことに留意する必要があります。逆に，契約内容が単なる民法上の借地であっても，借地権が認定されることもあります。借地借家法は条文の一部が「強行規定」であるため，契約内容が強行規定に反し，借地人に不利な場合はその特約部分は無効とされるからです。

(ii)　土地面積と建物面積

　対象土地の属する地域で建築基準法により建ぺい率や容積率が定められている場合，契約内容にかかわらず建物保護の観点から，裁判上では，少なくとも建ぺい率を充足する土地面積までは借地権の効力が及ぶ範囲と認定されることがあります。

(iii)　建物用途と一体利用状況

　建物用途が居宅の場合，居宅敷地が庭園，カーポートその他居宅利用として必要な範囲はどこまでか，塀その他によってどのように区分されているか。

敷地の一部を月極駐車場などにしている場合は，借地権の効力が及ぶ範囲とはみなされない場合があります。

(iv)　建物の配置状態および建物と土地の面積バランス

　建物が対象土地の隅に位置する場合，あるいは建物が小規模で土地が広大である場合などは，借地権の効力が敷地全体に及ばないと判断される場合があります。

④　具体的事例

(i)　同一敷地内で段差やフェンス等によって区分されている場合（図表 8 - 1 の例②）

　利用形態は，物理的に店舗敷地と駐車場とに区分されます。A土地とB土地の所有者が異なり，契約内容がA土地は建物所有目的の借地契約であり，B土地は単なる民法上の借地である場合，借地権の及ぶ範囲はA土地のみとなります。

(ii)　2 筆上にまたがって店舗が存する場合（同例③）

　原則的には，A土地とB土地に借地権の効力が及びます。問題は店舗の一部がB土地を越境するような状況の場合です。B土地の借地契約が建物所有目的であれば，借地権ありと認定できますが，B土地を単なる民法上の借地としている場合は，別途の検討が必要です。その場合，店舗新築時から越境していたのか，それともその後の増築によるものかなどの確認をします。

(iii)　複数筆を賃借し，店舗敷地はそのうちの一部にすぎない場合（同例④）

　実務上最も目にするケースです。個々の土地賃貸借契約の内容と土地利用形態，建物用途および一体利用の不可分性とその必要性を総合的に判断します。借地権が建物敷地にしか及ばないケース，建物敷地以外の一部にも及ぶケース，そして敷地全体に及ぶケースなど結論はまちまちとなります。

(3)　借地権の対抗要件

　借地権は，権利の態様としては地上権と賃借権とに分類されます。地上権

は物権であり，地上権者は地主に地上権の登記設定を請求することができます。一方，賃借権は債権にすぎず，このような請求権がないため，地主の同意がない限り，自己の賃借権を登記することはできません。

借地借家法では，借地人が借地上に登記されている建物を所有している場合は，その借地権に第三者への対抗力を認めています。この登記は建物の所有権保存登記でなくとも，表示登記で足りるとされています。

ただし，登記による対抗力はあくまで第三者に対するものであり，登記がない場合でも，当事者間では借地契約は有効です。したがって，税務上の借地権も登記を必要条件にするものではありません。

(4) 借地権の取引慣行のない地域

通達では，「借地権の設定に際しその設定の対価として通常権利金その他の一時金を支払うなど借地権の取引慣行があると認められる地域以外の地域にある借地権の価額は評価しない」となっています。しかし，評価実務上は，どの地域で，どのような状況であれば借地権を評価しなくてよいかは定かではありません。

課税当局の見解では，権利金を授受する取引の慣行があるかどうかは，その場所の借地権割合が30％未満であれば，借地権の慣行がないものとみなすとしています。具体的に言えば，評価倍率表で記載されている借地権割合はA（90％）〜G（30％）までしかなく，借地権割合欄が空欄となっている地域が該当することになります。ただし，借地権割合欄が空欄であるのは，地方部のわずかな地域しか存在しません。

(5) 実務上の留意事項

① 借地権価格の本質

借地権価格は，対象土地を新規に賃借した際の賃料（正常賃料）と現在授受している賃料（現行賃料）の差額部分の合計が基本となります。

たとえば，現時点で対象土地を賃借するならば月額10万円は授受するのが

当然と判断されるにもかかわらず，過去からの経緯で月額2万円の地代で賃借している場合，借地人は月額8万円の経済的利益（借り得部分ともいいます）を保持していることになります。

　仮に現時点から30年間借地契約を維持し続けることができれば，この借地人には，月額8万円の30年分である2,880万円（＝8万円×12月×30年）の経済的利益が帰属するという論法です（ただし，この経済的利益は30年間にわたるものであるため評価上は現在価値に置き換えます）。

　バブル崩壊後，地価が全国的に下落する中，地代は逆に緩やかに上昇する地域が多く見られました。地価の下落が継続している地域では，近年，実際に授受されている地代のうち，借り得部分が極めて少額あるいはほとんど存在しないような事例が増加しました。

　そもそも借地権は，その契約の形態，権利の内容，目的建物の種類・構造および現行の地代水準などの個別の事情によって，その経済的利益は大きく異なり，地域の取引慣行も異なります。財産評価基準書に定める借地権割合で求めた借地権評価額が，本当に借地権の経済的利益と言えるのかどうかは大いに疑問であるケースが少なくありません。

②　申告に際しては

　申告現場では，現行賃料（支払地代）が比較的高額で借り得部分がほとんどない場合や，築年数が古い木造居宅所有の借地権などで，借地権割合方式によって借地権を評価するとあまりにも高額になってしまう事案が問題となります。

　具体的には，課税当局と事前交渉した結果，借地権評価額を不動産鑑定士による不動産鑑定評価額で申告するように指示されたケースがあるようです。

　国税局や所轄税務署によって異なるものの，課税当局も地域の借地権取引等の実態に即して財産評価基準書どおりの借地権割合で申告することに執着せず，柔軟な取扱いを認めている場合が少なくない状況です。

　このような税務署単位の対応はほとんど公表されることはなく，相続税等

における借地権評価の実態はよくわからないのが現状です。借地権を評価する際には，対象借地権の個別事情や借地権の目的となっている建物の物理的状況や経済的耐用年数および地域の借地権取引状況等を総合的に勘案し，事前に所轄税務署の考えを聞くなどの対応が求められます。

　ただし，借地人と地主との関係が，親族間あるいは同族法人とその関係者間など特別な関係にある場合は，税務上の問題が別途生ずることもあります。

② 貸宅地

(1) 貸宅地の評価

① 貸宅地

　借地権（建物所有目的の地上権または土地賃借権）が設定されている宅地を貸宅地といいます。貸宅地は，第三者（借地人）所有の建物が存在し，土地所有者にとっては自己利用ができず，当面の間，地代収入等を授受する経済的利益しか得られないため，自用地と比較して評価額は低くなります。

② 計算式

　借地権の目的となっている宅地の評価額は，次の算式で求めた金額により評価します。

自用地評価額 － 自用地評価額 × 借地権割合

③ 借地権の取引慣行がないと認められる地域

　借地権の取引慣行がないと認められる地域にある借地権の目的となっている宅地の価額は，上記の算式の借地権割合を20％として計算することとなっています。

⑵　相当の地代の授受がある場合

①　相当の地代方式

　法人が借地権の設定により他人に土地を使用させる場合，通常，権利金を収受する慣行があるにもかかわらず権利金を収受しないときには，原則として，権利金の認定課税が行われます。

　借地権は非常に強固な権利であり，いったん建物所有目的で土地を賃貸すると，地主にとっては長期間自己使用が制限され，底地は地代収入程度の経済的利益しか見込めなくなるため，それなりの対価を授受することが当然であると考えるからです。

　法人は，個人と異なり基本的に利益を追求するために存在する団体であり，無償で相手方に利益等を供与することはないと判断されるため，たとえ権利金を授受しなくとも，「認定」課税されます。

　しかし，同族法人が経営者等の所有する土地上に自己の建物を建てることは数多くあり，その都度，法人が権利金相当額を準備するのは不合理です。そこで，権利金の収受に代えて「相当の地代」を収受しているときは，権利金の認定課税は行わないようにされています。

　なお，借地権設定時には，その借地権の設定等に係る契約書でその後の地代の改訂方法を定めるとともに，「相当の地代の改訂方法に関する届出書」を借地人と連名で遅滞なくその法人の納税地を所轄する税務署長に提出することが必要です。

　相当の地代の額は，原則として，その土地の更地価額のおおむね年 6 ％程度の金額です。

　その土地の更地価額とは，その土地の時価をいいますが，課税上弊害がない限り次の金額によることも認められます。

(ⅰ)　その土地の近くにある類似した土地の地価公示価格などから合理的に計算した価額

(ⅱ)　その土地の相続税評価額またはその評価額の過去 3 年間の平均額

②　相当地代通達

相当の地代は，法人税基本通達に定められており，法人が関係する場合に適用されます。したがって，借地人と地主がともに個人である場合には，相当の地代は適用されません。

相当の地代は，権利金等の収受がない場合に，権利金の認定課税を受けないためのルールです。そこで，相当の地代を収受している場合の借地権価額や底地価額の求め方が必要となります。これらを整理したものが，「相当の地代を支払っている場合等の借地権等についての相続税及び贈与税の取扱いについて」（相続税個別通達）であり，通称「相当地代通達」といいます。

相当地代通達ではそれぞれの場合について，以下のとおり規定しています。

(i)　相当の地代を支払っている場合の借地権の評価

権利金を支払っていない場合または特別の経済的利益を供与していない場合は，ゼロとなります。

(ii)　相当の地代を授受している場合の貸宅地の評価

権利金を支払っていない場合または特別の経済的利益を供与していない場合は，以下の算式により評価します。

$$自用地評価額 \times 80\%$$

(3)　無償返還の届出

①　無償返還の届出書

相当の地代方式以外に，借地契約設定時に借地権の認定課税を回避する方式が無償返還の届出方式です。これは，もともと法人が借地権の設定等により他人に土地を使用させた場合で，その借地権の設定等に係る契約書において将来借地人等がその土地を無償で返還することが定められている場合に，これを届け出る手続でしたが，現在では当事者のいずれか一方あるいは双方が法人であれば，認められます。この届出を行っている場合には，権利金の認定課税は行われないこととなります。

　手続としては，借地権設定時の契約書に，将来借地人が借地権を無償で（立退料等を請求せずに）地主に返還することを定め，その旨を記載した「土地の無償返還に関する届出書」を，契約書の控え等とともに，借地人と地主の連名で届出しなければなりません。

　同族法人およびその関係者間では，個人（同族株主等）所有の土地上に法人が建物を建設し，土地を賃借する場面が多く見受けられます。法人借地人と個人地主が無償返還届出方式で借地契約する場合は，借地権（権利金）の認定課税を回避することができるだけでなく，認定地代の問題も解決できるため，非常に使い勝手のよい制度となっています。

②　「土地の無償返還に関する届出書」が提出されている場合の評価

(i)　借地権の評価額

　ゼロとなります。

(ii)　貸宅地の評価額

　賃貸借と使用貸借によって異なります。

　A　賃貸借の場合

$$自用地評価額 \times 80\%$$

　B　使用貸借の場合

$$自用地評価額$$

(4)　使用貸借関係

①　使用貸借

　使用貸借は，無償で他人からあるものを借り受けて使用することで，契約によって成立します。賃貸借が文字どおり「賃料」の授受が成立要件であるのに対し，使用借権は借主の死亡によって終了する，借主一代限りで相続性のないのが特色です。

使用貸借か賃貸借かで問題となることが多いのが，固定資産税程度の金銭の授受です。実務上は，土地の固定資産税相当額以下の金額の授受では，使用貸借とみなされます。

② 使用貸借の評価

(i) 使用借権の評価

建物または構築物の所有を目的として使用貸借による土地の借受けがあった場合においては，借地権の設定に際し，その設定の対価として通常権利金を支払う取引上の慣行がある地域であっても，その土地の使用貸借に係る使用借権の価額は，ゼロとして取り扱うこととされています。

(ii) 使用貸借に係る土地の評価

使用貸借に係る土地は自用地として評価します。

☕ Coffee break

タダほど高いものはない？

財産評価で使用借権は「ゼロ」評価，使用貸借している土地は自用地で評価します。地価が上昇している都心部では，かなり以前に賃貸借を開始し，その際に取り決めた地代のまま放置しておくと，いつの間にか土地固定資産税が上昇し，受け取っている地代と差がなくなってしまうケースがあります。

当然，第三者の建物所有目的で土地を貸し付けていた場合でも，地代が固定資産税程度にすぎなければ，正規の賃貸借とは認められず，使用貸借になってしまいます。当初は貸宅地で評価が下がると思っていたところ，よく調べてみると地代は無償に近い水準にすぎず，自用地評価をせざるを得ません。

財産評価上，賃貸借と使用貸借とでは扱いが大きく異なります。土地の賃貸借がある場合は，その契約内容だけでなく，地代水準や固定資産税等の額などもしっかり確認しないといけません。

---

③　貸家建付地

(1)　貸家建付地の評価

①　計算式

　アパートなど貸家の目的とされている宅地を貸家建付地といいます。貸家建付地の評価額は，次の算式により評価します。

　　　自用地評価額 － 自用地評価額 × 借地権割合 × 借家権割合 × 賃貸割合
　　＝ 自用地評価額 ×（1 － 借地権割合 × 借家権割合 × 賃貸割合）

②　貸家建付地評価の意味

　貸家建付地の評価額が，自用地評価額から一定の割合を控除することとされているのは，借家人は家屋の賃借権に基づいてその家屋を利用し，あるいは居住するためには，この家屋が建てられている敷地を必要な範囲内で使用することになり，土地利用権も間接的に有しているからです。

　土地所有者にとっては借家権相当額の権利が当該宅地に付着していることになり，貸宅地（底地）のように建物所有者の借地権相当額を控除するほどではありませんが，一定の権利割合を控除することで評価上のバランスをとっています。

③　借家権割合

　借地権割合は，路線価図や評価倍率表により判定します。

　一方，借家権割合は，令和5年現在，全国一律30％とされていますが，原則は国税局単位で評価倍率表により定められます。

④ 賃貸割合

　貸家（アパートなど）に各独立部分（構造上区分された数個の部分の各部分）
がある場合，その各独立部分の賃貸状況に基づいて以下の算式により賃貸割
合を求めます。

$$\frac{\text{Aのうち課税時期に賃貸されている各独立部分の床面積の合計}}{\text{当該家屋の各独立部分の床面積の合計（A）}}$$

　この算式の「各独立部分」とは，建物の構成部分である隔壁，扉，階層
（天井および床）等によって他の部分と完全に遮断されている部分で，独立し
た出入口を有するなど独立して賃貸その他の用に供することができるものを
いいます。具体的には，アパートや賃貸マンションの各戸（専有部分）が該
当します。

　たとえば，アパート8室のうち3室が空室の場合，原則的には各室の床面
積を把握し，賃貸されている5室の床面積合計と全8室の床面積合計を把握
する必要がありますが，中古アパート等で建物設計図や間取図等がない場合
は概測することになります。間取に大差がない場合は，便宜上，室数で計算
することもやむを得ないものと判断されます。

(2)　一時的空室の場合

①　原　則

　課税時期においてたまたま一時的に空室となっていたにすぎないと認めら
れる場合は，課税時期に賃貸されていたものとして差し支えないことになっ
ています。したがって，上記のように3室が空室であっても，賃貸割合は
100%で構いません。

②　一時的空室であるかどうかの判断基準

　アパート経営上，入居者の入れ替わりは頻繁にあります。たまたま課税時
期に空室があったからという理由で，その空室部分に相当する割合が貸家あ

るいは貸家建付地の扱いを受けないのは非常に不合理です。

　したがって，次のような事実関係から，アパート等の各独立部分の一部が課税時期において一時的に空室となっていたにすぎないと認められるものについては，課税時期においても賃貸されていたものとして差し支えないことになっています。

> （i）　各独立部分が課税時期前に継続的に賃貸されていた。
> （ii）　賃借人の退去後すみやかに新たな賃借人の募集が行われている。
> （iii）　空室の期間中，他の用途に供されていない。
> （iv）　空室の期間が，課税時期の前後のたとえば1か月程度であるなど，一時的な期間である。

③　自己使用

　空室状態が長期化すると，家主が物置代わりや休憩場などの自己使用をするケースが少なくありません。このような場合は，完全に「自用」とみなされ，一時的空室を主張できなくなるので注意が必要です。

(3)　貸家建付地評価をする範囲

①　原　則

　賃貸マンションの敷地内に存在する駐車場の場合には，全体を1画地として貸家建付地評価が可能です。ただし，駐車場の契約者と使用者がすべてその賃貸マンションの賃借人であるなど，駐車場の貸付けの状況が建物の賃貸借と一体となっていると認められる場合に限られます。

②　駐車場の一部を建物賃借人以外に賃貸している場合

　駐車場の一部を建物の賃借人以外に月極駐車場として貸し付けている場合などは，自用地として評価することになります。

　具体的な評価方法として，国税不服審判所は，まずアパート敷地と駐車場部分の面積を確定し，次にその土地一体を自用地評価した価額から，それぞ

れ面積按分して求めた貸家建付地評価額と自用地評価額の合計額を採用することと判定しています。

第 **9** 章

農地・山林・雑種地

....

　土地に関して評価通達では，宅地以外に，農地，山林，原野，鉱泉地など地目別に複数記載されています。ここでは実務的に評価することが多い，農地，山林および雑種地を説明します。

　山林，原野の評価区分は農地に準じます。地方に存する農地の場合，地番や公図だけの情報では場所を確定するのに一苦労することがあります。その場合，「農地ナビ」を利用すれば，かなり詳細に場所を特定するだけでなく，農地の上に登録されている耕作権等の権利の有無を確認することもできます。

　雑種地は，不動産登記上の地目のうち特に該当しないものがすべて雑種地とひとくくりにされるため，さまざまな用途のものが含まれます。特に市街化調整区域に存する雑種地の評価は，実務上混乱しやすいので注意が必要です。

① 農　地

(1)　農地の評価区分と農地法

①　評価区分

　農地は，都市計画法，農地法および農業振興地域の整備に関する法律（農振法）との関連で，純農地，中間農地，市街地周辺農地および市街地農地の4区分に分類して評価します。なお，これらとは別に生産緑地があります。

②　農地法

　農地法は，農地を保護し，農地の農業上の利用を確保すると同時に農業生産を向上させるための法律であり，農地を農地以外のものにすることを規制しています。規制対象となるのは農地および採草放牧地です。

「農地」とは，耕作の目的に供される土地をいい，「採草放牧地」とは，農地以外の土地で，主として耕作または養畜の事業のための採草または家畜の放牧の目的に供されるものを意味しますが，これらは現況で判断され，登記簿上の地目は関係ありません。

　土地評価も原則，現況が優先されるので注意が必要です。また，現況が農地以外であっても登記地目が田あるいは畑である場合には，原則として農地法の適用を受けます。農地法における転用と権利移動については，**図表9－1**のとおりです。

図表9－1　農地法制限一覧

条文	制限内容	許可権者	市街化区域内の場合	違反時の処分等
3条	農地のままで権利移動	農業委員会	―	＊契約無効 ＊罰則あり
5条	転用目的の権利移動	都道府県知事または農林水産大臣	農業委員会に届出	＊契約無効 ＊原状回復命令等 ＊罰則あり
4条	農地以外への転用	都道府県知事または農林水産大臣	農業委員会に届出	＊原状回復命令等 ＊罰則あり

＊権利移動＝売買・賃貸借等

③　純農地

　純農地とは，主として(i)農業振興地域内の農用地区域に存する農地，(ii)都市計画区域外に存する農地が中心となります。ただし，市街地農地に該当するものを除きます。

④　中間農地

　中間農地とは，主として(i)農用地区域に該当しない市街化調整区域の農地，(ii)非線引き区域で用途地域の定めがない地域の農地が中心となります。ただし，市街地農地に該当するものを除きます。

⑤　市街地周辺農地

　市街地周辺農地とは，主として非線引き区域で用途地域が定められている地域に存する農地が中心となります。ただし，市街地農地に該当するものを除きます。

⑥　市街地農地

　市街地農地とは，(i)農地転用許可を受けた農地，(ii)市街化区域内にある農地のいずれかがほとんどです。

⑦　留意事項

　実務上，⑥(i)が要注意です。純農地であっても，農地転用許可を受けた農地は，評価区分上，市街地農地に該当します。農地転用許可を受けた農地は，農地法上の農地ではなくなり，農地としての規制が及ばなくなり，すぐにでも宅地等へ転用が可能となるためです。

(2)　純農地・中間農地の評価

　純農地および中間農地の評価額は，その農地の固定資産税評価額に，田または畑の別に，地勢，土性，水利等の状況の類似する地域ごとに，国税局長が定めた評価倍率表上の倍率を乗じて計算した金額によって評価します。

固定資産税評価額　×　倍率

(3)　市街地周辺農地の評価

　市街地周辺農地の評価額は，その農地が市街地農地であるとした場合の価額の80％に相当する金額によって評価します。

(4)　市街地農地の評価

①　原　則

　市街地農地の評価額は，宅地比準方式または倍率方式により評価します。宅地比準方式とは，その農地が宅地であるとした場合の価額から，その農地を宅地に転用する場合にかかる造成費に相当する金額を控除した金額により評価する方法をいいます。

　注意すべき事項は，市街地農地は宅地への転換を前提とした評価となることです。市街地農地は，市街化区域内農地や農地転用許可済み農地が該当しますが，市街化区域内農地であれば農地法上，農業委員会への届出のみで農地転用（宅地転換）が可能だからです。

　したがって，現況が農地であっても，当該農地が宅地であるとした場合の

1㎡当たりの価額を求め，1㎡当たりの造成費を控除した価額に地積を乗じて評価します。

これを算式で示せば以下のとおりです。

（その農地が宅地であるとした場合の1㎡当たりの価額 − 1㎡当たりの造成費の金額）× 地積

②　路線価方式の場合

　①算式の「その農地が宅地であるとした場合の1㎡当たりの価額」は，具体的には，路線価方式により評価する地域にあっては，正面路線価を判定し，その路線価により，間口・奥行距離などを勘案して画地調整した価額を意味します。

　実務的には，まず「土地及び土地の上に存する権利の評価明細書」により宅地としての1㎡当たりの評価額を算出し，この評価額を「市街地農地等の評価明細書」中の「評価の基とした宅地の1㎡当たりの評価額」欄に記載して，さらに「宅地造成費の計算」欄で計算した宅地造成費を控除して，市街地農地の評価額を求めます。

③　倍率方式の場合

　倍率地域にあっては，評価する農地に最も近接し，かつ，道路からの位置や形状等が最も類似する宅地の評価額（宅地としての固定資産税評価額×宅地としての評価倍率）をもととして計算することになります。具体的には，「市街地農地等の評価明細書」中の「評価の基とした宅地の1㎡当たりの評価額」欄に，評価のもととなった宅地の固定資産税評価額および倍率を記載し，この金額から宅地造成費を控除することとされています。

　なお，宅地の固定資産税評価額は，通常，固定資産税評価上の路線価あるいは標準宅地価格などを市役所等で入手し，利用することになります。

④　造成費

　市街地農地等の評価上，「1 ㎡当たりの造成費の金額」は，整地，土盛りまたは土止めに要する費用の額がおおむね同一と認められる地域ごとに，国税局長が定めています。令和5年分の平坦地の宅地造成費（東京国税局管内）は，**図表9−2**のとおりです。

図表9−2　**平坦地の宅地造成費（令和5年分 東京都）**

工事費目		造成区分	金　額
整地費	整地費	整地を必要とする面積1 ㎡当たり	800円
	伐採・抜根費	伐採・抜根を必要とする面積1 ㎡当たり	1,000円
	地盤改良費	地盤改良を必要とする面積1 ㎡当たり	1,800円
土盛費		他から土砂を搬入して土盛りを必要とする場合の土盛り体積1 ㎡当たり	7,400円
土止費		土止めを必要とする場合の擁壁の面積1 ㎡当たり	77,900円

（留意事項）
(1)　「整地費」とは，①凹凸がある土地の地面を地ならしするための工事費または②土盛工事を要する土地について，土盛工事をした後の地面を地ならしするための工事費をいいます。
(2)　「伐採・抜根費」とは，樹木が生育している土地について，樹木を伐採し，根等を除去するための工事費をいいます。したがって，整地工事によって樹木を除去できる場合には，造成費に本工事費を含めません。
(3)　「地盤改良費」とは，湿田など軟弱な表土で覆われた土地の宅地造成にあたり，地盤を安定させるための工事費をいいます。
(4)　「土盛費」とは，道路よりも低い位置にある土地について，宅地として利用できる高さ（原則として道路面）まで搬入した土砂で埋め立て，地上げする場合の工事費をいいます。
(5)　「土止費」とは，道路よりも低い位置にある土地について，宅地として利用できる高さ（原則として道路面）まで地上げする場合に，土盛りした土砂の流出や崩壊を防止するために構築する擁壁工事費をいいます。

　また，傾斜地の場合は，別途「傾斜地の宅地造成費」（**図表9−3**参照）を利用します。傾斜地の造成費は，整地費，土盛費，土止費の宅地造成に要するすべての費用を含めて算定されていますが，伐採・抜根費は含まれていないため，必要に応じて「平坦地の宅地造成費」の伐採・抜根費を活用するこ

ととされています。

図表9－3　傾斜地の宅地造成費（令和5年分　東京都）

傾斜度	金　額
3度超5度以下	20,300円／㎡
5度超10度以下	24,700円／㎡
10度超15度以下	37,600円／㎡
15度超20度以下	52,700円／㎡
20度超25度以下	58,400円／㎡
25度超30度以下	64,300円／㎡

　ただし，傾斜度3度以下の土地については，「平坦地の宅地造成費」の額により計算することとされています。

　国税局が定める造成費は，平坦地あるいは傾斜地を問わず，ここ数年，毎年上昇しています。労務費・建築資材の上昇を反映させているようです。

(5)　生産緑地の評価

①　生産緑地

　生産緑地は，三大都市圏の特定市の市街化区域内にある農地のうち，都市計画法により「生産緑地地区」として指定された区域内にある農地です。具体的には，市街化区域内にある500㎡以上（条例により300㎡以上）の農地のうち，一定基準を満たすものについて，指定希望者からの申出を受けて，指定しています。

　生産緑地は，三大都市圏の特定市の市街化区域内で指定された場合，固定資産税等の宅地並課税を免れますが（**図表9－4**参照），農地所有者には農地を適正に管理することが義務づけられ，原則として農地転用は許可されません。生産緑地の所有者は，下記のいずれかの条件を満たしたときに市町村長に対して時価で買取りの申出が可能となります。

(i)	指定を受けてから30年経過			
(ii)	主たる従事者の死亡			
(iii)	(ii)に準ずる一定の事由の発生			

図表 9 − 4　**農地の固定資産税評価・課税**

三大都市圏の特定市	市街化区域内の農地	生産緑地以外	宅地並評価	宅地並課税
		生産緑地	農地評価	農地課税
	市街化調整区域内の農地		農地評価	農地課税
三大都市圏の特定市以外	市街化区域内の農地		宅地並評価	農地に準じた課税
	市街化調整区域内の農地		農地評価	農地課税

②　生産緑地の評価

　生産緑地は，課税時期において市町村長に対して買取りの申出ができるかできないかで評価方法が異なります。

(i)　買取りの申出ができない生産緑地

　　その土地が生産緑地でないものとして評価した価額 ×（1 − **図表 9 − 5**の割合）

(ii)　買取りの申出ができる生産緑地

　　　　その土地が生産緑地でないものとして評価した価額 × 95%

図表9－5　買取りの申出ができない生産緑地の評価割合

課税時期から買取りの申出をすることが できることとなる日までの期間	割　合
5年以下のもの	10%
5年を超え10年以下のもの	15%
10年を超え15年以下のもの	20%
15年を超え20年以下のもの	25%
20年を超え25年以下のもの	30%
25年を超え30年以下のもの	35%

③　特定生産緑地

　令和4年（2022年）に多くの生産緑地が指定後30年を迎え，市町村長へ買取りの申出ができるようになりました。これに先立ち，平成29年に生産緑地法が改正され，新たに特定生産緑地制度が創設されました（**図表9－6**参照）。

　生産緑地の指定を受けている農地で，現行の生産緑地期間満了前に特定生産緑地の指定申込を行い，一定の条件に合致すれば，特定生産緑地の指定が受けられます。

　特定生産緑地の期間は10年であり，以後10年ごとに更新ができます。特定生産緑地に対する行為制限は現行の生産緑地と同じです。したがって，特定生産緑地の場合，買取りの申出ができない期間は最長10年となります。

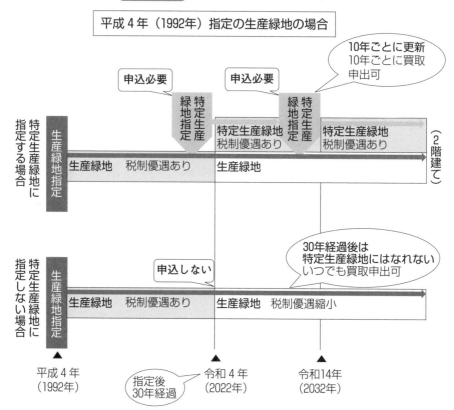

図表 9 − 6　特定生産緑地制度の概要

平成 4 年（1992年）指定の生産緑地の場合

10年ごとに更新
10年ごとに買取
申出可

申込必要

申込必要

特定生産緑地指定

特定生産緑地指定

特定生産緑地
税制優遇あり

特定生産緑地
税制優遇あり

（2階建て）

特定生産緑地に指定する場合

生産緑地指定

生産緑地　税制優遇あり

生産緑地

30年経過後は
特定生産緑地にはなれない
いつでも買取申出可

申込しない

特定生産緑地に指定しない場合

生産緑地指定

生産緑地　税制優遇あり

生産緑地　税制優遇縮小

平成 4 年
（1992年）

指定後
30年経過

令和 4 年
（2022年）

令和14年
（2032年）

（出典）名古屋市特定生産緑地制度に関する説明会資料をもとに作成

☕ Coffee break

どうする農耕放棄地？

　財産評価で頭を悩ますのが，農耕放棄地です。現地を確認すると雑草が生い茂り，場合によっては廃棄物などが散乱していて，農地として評価してよいのかどうかわからなくなります。

　農業就労人口が減少し，農家の高齢化が進む中で，農耕放棄地は全国的な問題となっています。放棄地はそのままの状態で放置されると，容易には農地に復元できなくなります。

　農地法では，農地とは耕作の目的に供される土地をいい，耕作とは土地に労費を加え肥培管理を行って作物を栽培することをいいます。また，耕作の目的に供される土地とは，現に耕作されている土地のほか，現在は耕作されていなくても耕作しようとすればいつでも耕作できるような土地（休耕地，不耕作地）も含むものとされています。

　固定資産税を課税する自治体にとっても，放棄地は頭の痛い問題です。耕作放棄状態が常態化すると，いずれかの段階で農地から原野あるいは雑種地へ課税地目を変更する必要がありますが，市街化調整区域などでは一挙に税額が上昇するため，課税地目の切り替えに自治体も神経を使っているのが実情です。

　放棄地ではなく，農地を駐車場や資材置場等へ違法転用している場合，自治体は雑種地への課税地目切り替えをすみやかに行うのが一般的です。土地評価に際して地目認定をする場合には，課税明細等に記載されている課税地目が大きな判断材料となるものと思われます。

② 山　林

(1)　山林の評価区分

①　評価区分

　山林は，純山林，中間山林，市街地山林の３区分に分類して評価します。

　なお，これらとは別に，保安林等の評価と特別緑地保全地区にある山林の評価があります。

②　純山林

　都市計画区域外に存する林業本場林地や山村奥地林地などが該当します。

③　中間山林

　一般的に，市街化調整区域や非線引き区域で用途地域が定められていない地域に存する農村林地などが該当します。

④　市街地山林

　市街化区域および非線引き区域で用途地域の定められている地域に存する林地が該当します。

(2)　純山林・中間山林の評価

　純山林および中間山林の評価額は，固定資産税評価額に，地勢，土層，林産物の搬出の便等の状況の類似する地域ごとに，国税局長が定めた評価倍率表上の倍率を乗じて計算した金額によって評価します。

固定資産税評価額　×　倍率

(3)　市街地山林の評価

　市街地山林は，原則として宅地比準方式で評価します。具体的には，その山林が宅地であるとした場合の価額から，その山林を宅地に転用する場合にかかる造成費に相当する金額を控除した金額により評価することになります。造成費の考え方は，市街地農地と同様です。

　なお，宅地への転用が認められない場合は，その山林の価額は，近隣の純山林の価額に比準して評価します。

(4)　留意事項

①　立木の評価

　土地の財産評価とは別に，山林の上に植わっている「立木」を別途財産評価しなければなりません。森林の立木は，その樹種によって別途定めがあります。

②　森林法

　法人個人を問わず，売買，相続，贈与等により森林の土地を新たに取得した場合，森林法の規定により，市町村長への事後届出が必要です。相続登記とは別の手続となります。面積基準はないので，小さい面積の場合も忘れないようにしましょう。

---

③　雑種地

---

(1)　雑種地とは

　雑種地は，宅地，田，畑，山林，原野，牧場，池沼および鉱泉地以外の土地をいい，具体的には駐車場（宅地に該当するものを除きます），ゴルフ場，

遊園地，運動場，鉄軌道等の用地など多岐にわたります。

　実務的に評価することが多いのは，駐車場（居宅に併設するカーポートを除きます）用地や資材置場などです。雑種地の評価方式は，市街化区域と市街化調整区域では大きく異なります。

(2)　市街化区域内の雑種地の評価（雑種地の状況が宅地と類似している場合）

①　造成工事が不要な場合

　雑種地の状況が平坦かつ道路との高低差もなく，宅地利用するに際して特に造成工事等が必要でない場合は，宅地と同様に評価します。路線価地域であれば通常の路線価方式を採用し，倍率地域であれば「宅地」として評価額に宅地の倍率を乗じて評価します。

②　造成工事が必要な場合

　雑種地の状況が傾斜地であったり，あるいは道路から低い位置にあるなど，宅地利用するに際して造成工事等が必要な場合は，市街地農地と同様に評価します。具体的には，宅地としての自用地評価額から造成工事費を控除して評価します。

③　倍率地域の場合（共通の留意点）

　評価対象土地が倍率地域に存する場合は，その雑種地の近傍宅地の固定資産税評価額を入手し，その土地の間口・奥行・形状等を勘案して，普通住宅地区の画地調整率表により補正して評価します。

　対象土地の固定資産税課税地目が雑種地の場合，対象土地の固定資産税評価額は「雑種地」評価額であり，宅地評価額ではありません。そのまま倍率等を乗じることがないように注意しましょう。

④　具体例（図表9-7参照）

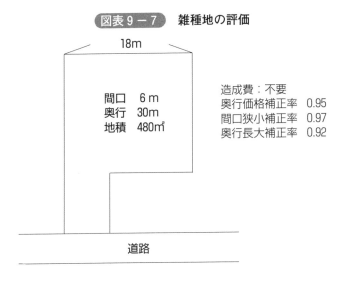

図表9-7　雑種地の評価

```
                    18m
        間口　6m          造成費：不要
        奥行　30m         奥行価格補正率　0.95
        地積　480㎡       間口狭小補正率　0.97
                         奥行長大補正率　0.92

                    道路
```

(ⅰ)　近傍宅地の固定資産税評価額から求めた1㎡当たり評価額

固定資産税評価上の路線価または同一状況類似地域内標準宅地価格：30,000円

宅地としての倍率：1.1倍

30,000円　×　1.1　=　33,000円

(ⅱ)　普通住宅地区を前提とした1㎡当たり単価

$$\underset{\text{(i)}}{33,000円} \times \underset{\substack{\text{奥行価格補正率}\\0.95}}{} \times \underset{\substack{\text{間口狭小補正率}\\0.97}}{} \times \underset{\substack{\text{奥行長大補正率}\\0.92}}{} = 27,976円$$

(ⅲ)　評価対象雑種地の評価額

$$\underset{\text{(ii)}}{27,976円} \times \underset{\text{地積}}{480㎡} = 13,428,480円$$

(3)　市街化調整区域内の雑種地の評価

①　原　則

　雑種地（ゴルフ場用地，遊園地等用地，鉄軌道用地を除きます）の評価額は，原則として，その雑種地の現況に応じ，評価対象土地と状況が類似する付近の土地について評価した1㎡当たりの価額をもととし，その土地と評価対象土地である雑種地との位置，形状等の条件の差を考慮して評定した価額に，その雑種地の地積を乗じて評価します。

　ただし，市街化調整区域内にある雑種地を評価する場合に，状況が類似する土地（地目）の判定をするときには，評価対象土地の周囲の状況に応じて，**図表9－8**により判定します。

　また，付近の宅地の価額をもととして評価する場合（宅地比準）における法的規制等（開発行為の可否，建築制限，位置等）に係るしんしゃく割合（減価率）は，市街化の影響度と雑種地の利用状況によって個別に判定することになりますが，**図表9－8**の「しんしゃく割合」によっても差し支えないことになっています。

図表9－8　周囲（地域）の状況

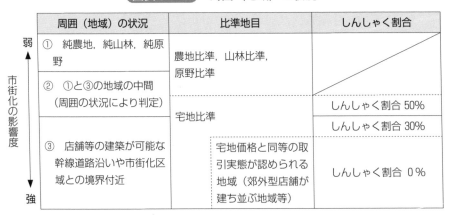

196

②　農地比準の場合

　農地等の価額をもととして評価する場合で，評価対象土地が資材置場，駐車場等として利用されているときは，その土地の評価額は，原則として，農業用施設用地の評価に準じて農地等の価額に造成費相当額を加算した価額により評価します（ただし，その価額は宅地の価額をもととして評価した価額を上回らないことに留意）。

③　沿道サービス施設等

　図表 9 − 8 の「周囲（地域）の状況」欄で，③の地域は，線引き後に沿道サービス施設が建設される可能性のある土地や，線引き後に日常生活に必要な物品の小売業等の店舗として開発または建築される可能性のある土地の存する地域をいい，都市計画法で規定されています。

　なお，いずれも各自治体の条例で立地基準（接道路の種別，幅員）や建物用途および敷地最低限面積等が決められていることが一般的です。

④　しんしゃく割合

　市街化調整区域は，都市計画法によって当面の間，市街化を抑制すべき区域とされ，原則として建物の建築は認められません。したがって，市街化調整区域内の雑種地のほとんどに関して，しんしゃく割合は市街化進捗状況等を勘案して30％あるいは50％が適用されます。

　しかし，地域によっては，居住者の日常生活のため必要な業務用店舗等（都市計画法34条 1 号）あるいは沿道サービス施設（都市計画法34条 9 号）の適用条件が緩やかな場合もあり，郊外型店舗が建ち並び，ほとんど市街化区域内の宅地と取引実態が変わらないことがあります。そのような場合は評価上，特にしんしゃくする必要はないと認められることから，しんしゃく割合はゼロとなります。

(4) 雑種地の賃借権

　雑種地の上に賃借権を設定している場合，その賃借権は，原則として，その賃貸借契約の内容，利用の状況等を勘案して評価を行います。

① 地上権に準じる賃借権の場合

　土地賃貸借契約により賃借権が登記されているもの，賃借権の設定の対価として権利金その他一時金の授受があるもの，堅固な構築物の所有目的であるものなど，地上権に準ずる権利として評価することが相当と認められる賃借権は，以下の式で評価します。

　　　　雑種地の自用地評価額 ×（地上権割合 or 借地権割合）の低い方

＊「地上権割合」は**図表9－9**のとおりです。

図表9－9 **地上権・区分地上権の残存期間に応じた割合（相続税法23条）**

権利の残存期間	該当割合	権利の残存期間	該当割合
10年以下	5％	30～35年以下	50％
10～15年以下	10％	35～40年以下	60％
15～20年以下	20％	40～45年以下	70％
20～25年以下	30％	45～50年以下	80％
25～30年以下	40％	50年超	90％
存続期間の定めのない場合　40％			

② ①以外の賃借権

　①以外の賃借権は，以下の式で評価します。

$$\text{雑種地の自用地評価額} \times \text{地上権割合} \times \frac{1}{2}$$

(5)　貸し付けられている雑種地（貸駐車場など）

①　原　則

　貸駐車場（第三者に貸し付けられている雑種地）は，実務上，評価することの多い土地の1つです。青空駐車場として利用されている土地は，登記地目が宅地であっても，評価上は雑種地として扱います（宅地の一部として利用されている場合を除きます）。

②　月極駐車場等の場合

　土地所有者が土地上にアスファルト舗装や砂利等を敷き詰め，駐車場利用者のためにライン（線）引きをし，駐車させるための土地利用は，土地所有者と駐車場利用者との間の土地賃貸借契約ではなく，通常は保管契約と位置づけられます。したがって，駐車場利用者に特に土地賃借権などは発生していないため，その土地の評価は，自用地となります。

評価額 ＝ 自用地評価額

③　一体賃貸借の場合（地上権に準ずる場合）

　駐車場として土地所有者と土地賃借人との間で，土地賃貸借契約により賃借権の登記がされているものや，堅固な構築物の所有目的など地上権に準ずる権利として評価することが相当な賃借権が付着している場合は，以下の式で当該雑種地を評価します。

雑種地の自用地評価額 － 賃借権の価額（上記(4)①）

　ただし，上記の算式で評価した価額より，**図表9－10**の賃借権の区分に従い，自用地評価額に下記の割合を乗じて計算した金額を自用地評価額から控除した金額の方が低い場合には，こちらの式で評価します。

図表 9 −10 自用地評価額に乗じる割合

残存期間	割　合
5 年以下	5 %
5 年超10年以下	10%
10年超15年以下	15%
15年超	20%

④　一体駐車場の場合（上記③以外）

　③で説明した賃借権以外の賃借権（賃借権の登記はなく，土地一体を駐車場目的で一定期間賃貸借するようなケースなど）については，以下の式で当該雑種地を評価します。資材置場としての土地賃貸借契約などもこのケースに該当することが多いです（賃借権登記されていない場合）。

雑種地の自用地評価額 − 賃借権の価額（上記(4)②）

　ただし，上記の算式で評価した価額より，**図表 9 −11**の賃借権の区分に従い，自用地評価額に下記の割合を乗じて計算した金額を自用地評価額から控除した金額の方が低い場合には，こちらの式で評価します。

図表 9 −11 自用地評価額に乗じる割合

残存期間	割　合
5 年以下	2.5%
5 年超10年以下	5 %
10年超15年以下	7.5%
15年超	10%

第 *10* 章

家屋・マンション・6項適用

....

　前章までは土地の評価方法を学んできましたが，この章は家屋などを取り上げます。家屋は，原則として固定資産税評価額をもとに財産評価をします。倍率地区の宅地評価に似た感覚です。ただし，家屋が増築されている場合は，課税明細では枝番等で「新築扱い」で記載されていること，また，すでに滅失済みの家屋が残っていることもあることなどに注意が必要です。

　マンションに関しては，令和6年1月1日課税時期から評価方法が新たに変更となりました。都心部では相続財産にマンションが含まれることが多く，内容をしっかりと把握しましょう。

　最後に，評価通達6項の適用について簡単に整理します。申告の現場では，通常の財産評価で相続税申告をして認められないケースがあります。

① 家　屋

(1)　原　則

①　自用の家屋の評価額

　家屋の価額は，原則として，１棟の家屋ごとに評価します。家屋の価額は，その家屋の固定資産税評価額に一定の倍率を乗じて計算した金額によって評価します。この倍率は1.0と規定されています。したがって，家屋（自用）の評価額は，当該家屋の固定資産税評価額となります。

$$固定資産税評価額 \times 1.0倍$$

②　貸　家

　貸家の評価額は，次の算式により計算した価額によって評価します。

$$固定資産税評価額 - 固定資産税評価額 \times 借家権割合 \times 賃貸割合$$

　なお，借家権割合は全国一律30％です。賃貸割合は，その家屋のうち賃貸に供している部分の割合です。賃貸に関しては，借地借家法の適用のある建物賃貸借をいい，単なる使用貸借は含みません。

(2)　建築中の家屋

①　原　則

　建築途中の家屋の場合には，固定資産税の評価額が付けられていません。そこで，建築中の家屋の評価額は，その家屋の費用現価の70％に相当する金額により評価します。

　これを算式で示すと次のとおりです。

$$費用現価の額 \times 70\%$$

②　具体的な事例

「費用現価の額」とは，課税時期までに建物に投下された建築費用の額を課税時期の価額に引き直した額の合計額のことをいいます。

たとえば，家屋工事の請負金額が2,000万円で工事の進捗状況が40%の場合，家屋の相続税評価額は以下の算式で求められます。

$$\underset{\text{請負金額}}{2{,}000万円} \times \underset{\text{進捗度}}{40\%} \times \underset{\text{しんしゃく割合}}{70\%} = 560万円$$

③　工事の着手金等を支払っている場合

一般的な請負工事の場合，契約時に着手金を支払い，完成時に残金を清算します。

(i)　着手金1,000万円を支払っている場合

$$\underset{\text{着手金}}{1{,}000万円} - \underset{\text{家屋評価額}}{560万円} = \underset{\text{前渡金}}{440万円}$$

∴　前渡金として別途440万円を財産計上します。

(ii)　着手金200万円を支払っている場合

$$\underset{\text{着手金}}{200万円} - \underset{\text{家屋評価額}}{560万円} = \underset{\text{未払金}}{\triangle 360万円}$$

∴　未払金として360万円を債務計上します。

(3)　相続開始直前に改築されていた場合

①　原　則

所有する家屋について増改築をしたものの，家屋の固定資産税評価額が変更されていないため，その固定資産税評価額が増改築に係る家屋の状況を反映していない場合があります。

増改築等に係る家屋の状況に応じた固定資産税評価額が付されていない場合の家屋の評価額は，増改築等に係る部分以外の部分に対応する固定資産税評価額（増改築前の固定資産税評価額）に，当該増改築等に係る部分の価額として，その付近の家屋との構造，経過年数，用途等の差を考慮して評定した価額で評価することになっています。

② 実務的な評価

実務上は，増改築前の固定資産税評価額に，その増改築等に係る部分の再建築価額から課税時期までの間における償却費相当額を控除した価額の70%に相当する金額を加算した価額（課税時期から申告期限までの間に，その家屋の課税時期の状況に応じた固定資産税評価額が付された場合には，その固定資産税評価額）に基づき評価します。

なお，償却費相当額は，再建築価額から当該価額に0.1を乗じて計算した金額を控除した価額に，その家屋の耐用年数のうちに占める経過年数（増改築等の時から課税時期までの期間に相当する年数（その期間に1年未満の端数があるときは，その端数は1年とします））の割合を乗じて計算します。

計算式で示すと次のとおりとなります。

増改築前の固定資産税評価額 ＋（増改築費用 － 課税時期までの償却費）× 70%

$$*課税時期までの償却費 ＝ 増改築費用 × 90\% × \frac{経過年数}{耐用年数}$$

(4) 家屋評価の留意事項

① 固定資産税評価額の確認

家屋の固定資産税評価額は，新築時に市役所等の評価担当者が現地等を確認した上で算定されます。建築確認申請を伴う増築時も同様です。

しかし，建築確認申請を行わない軽微な増築や，建物内部のみを対象とした改築などの場合は，固定資産税課税当局も把握する術もなく，固定資産税評価額の変更はされないのが実情です。

　相続等の実務上，家屋の固定資産税評価額（および課税明細等に記載されている築年および構造・床面積等）を確認し，対象家屋の現状と異なる場合，どこまで相続財産として計上すべきか判断に迷う場面といえます。

　なお，課税明細等では，家屋の増築があった場合，元からあった家屋とは別に増築部分のみ記載されるのが一般的です。増築部分は本体部分と切り離して，別途，固定資産税評価額を計算しなければならないためです。

　課税明細上，増築部分が漏れている場合は，上記の評価額を加算することになります。床面積に影響が出ない改築の場合は，改築時期が課税時期よりかなり古い時期であり，さらにその内容が軽微に留まるものであれば，改めて上記の評価額を加算しなくても問題ないと判断されます。

②　バリアフリー工事等

　実務上，よく見受けられるのがバリアフリー工事です。被相続人が身体に支障があり介護が必要な場合，あるいはリハビリ等をしていた場合，浴室改装や補助ベッド設置のための床補強工事，あるいはリフト設置などをするケースが目立ちます。

　これらは課税時期から比較的近い時期に施されている場合が多く，相続財産として計上していないと税務調査で指摘されることの多い項目です。家屋あるいは附属設備として評価をしておくべきです。

(5)　附属設備

①　原　則

　家屋に付随する附属設備は，家屋と一体となっている設備として固定資産税評価額に含まれているものと，家屋とは別個の償却資産として取り扱われるものとに区分されます。

②　家屋と構造上一体となっている設備

　家屋の所有者が有する電気設備，ガス設備，衛生設備，給排水設備，温湿

度調整設備，消火設備，避雷針設備，昇降設備，じんかい処理設備等で，その家屋に取り付けられ，その家屋と構造上一体となっているものについては，その家屋の価額に含めて評価します。

固定資産評価基準では，固定資産税における家屋の評価にあたり家屋に含めて評価するものとされる建築設備は，(i)家屋の所有者が所有するもので，(ii)家屋に取り付けられ，(iii)家屋と構造上一体となって，家屋の効用を高めるものであることを要するとされています。

③ 門，塀等の設備

門，塀，外井戸，屋外じんかい処理設備等の附属設備の評価額は，その附属設備の再建築価額から，建築の時から課税時期までの期間（その期間に1年未満の端数があるときは，その端数は1年とします）の償却費の額の合計額または減価の額を控除した金額の70％に相当する金額によって評価します。

なお，この場合における償却方法は，定率法によるものとし，その耐用年数は減価償却資産の耐用年数等に関する省令に規定する耐用年数によります。

④ 庭園設備

庭園設備（庭木，庭石，あずまや，庭池等をいいます）の評価額は，その庭園設備の調達価額（課税時期においてその財産をその財産の現況により取得する場合の価額をいいます）の70％に相当する価額によって評価します。

⑤ テナント分離課税（固定資産税）

賃貸ビルでは，ビル所有者が建物内部をスケルトン（内装を施していない状態）でテナント（入居者）に貸し出し，テナントが独自に内装工事等を施すケースがあります（スケルトン貸し）。一方で，民法上，内装部分は家屋の附合物とみなされ，内装部分にも家屋の所有権が及び，テナントが有益出費した内装部分の固定資産税等も家屋所有者が納税義務者となってしまうことになります。

　そこで，固定資産税の課税実務では，「家屋と償却資産の分離課税」制度を採り入れ，貸店舗等におけるテナントが施工した内装と建築設備等について，一定の取扱要件に該当する場合には当該建物の内装等を償却資産として取り扱い，テナントを固定資産税の納税義務者とすることとしています。

　その要件は以下のとおりです。

> (i)　家屋の本体部分の所有者（家主）と内装等の取得者が異なること。
>
> (ii)　事業用資産であること。
>
> (iii)　「固定資産税における家屋と償却資産の分離課税申出書」（名称は自治体によって若干異なります）の提出により，家主，テナント双方の合意があること。

② 　マンション

(1)　マンションとは

①　区分所有法

　マンション（分譲）は，建物の区分所有等に関する法律（区分所有法）に規定する(i)専有部分，その専有部分に係る(ii)共用部分の共有持分と(iii)敷地利用権です。算式で表すと以下のようになります。

マンション ＝ 専有部分 ＋ 共用部分の持分 ＋ 敷地利用権

　マンションの専有部分の所有者は区分所有者といいますが，区分所有者は専有部分だけでなく，エントランスやエレベーターホール，階段などの建物共用部分についても他の区分所有者と一緒に共有しており，さらにマンション敷地に対しては敷地利用権（所有権または地上権あるいは土地賃借権）を有しています。

②　家屋部分

　区分所有に係る家屋に関して，評価通達では，その家屋全体の評価額をもととし，各所有部分の使用状況等を勘案して計算した各部分に対応する価額によって評価することとしていますが，実務上は，評価対象専有部分に係る固定資産税評価額をもとに評価することが一般的です。

　マンションの共用部分には，区分所有法で定められている法定共用部分とマンション管理規約で定められている規約共用部分があります。

　多くの自治体では，マンション専有部分の固定資産税評価額に，専有部分と当該専有部分に係る共用部分の共有持分相当額を合計した額を記載しています。

③　マンション敷地

　各専有部分の所有者がマンションの敷地（土地）について所有している権利を敷地利用権といいます。これは所有権のほか，地上権あるいは土地賃借権などがあります。

　昭和58年に改正（昭和59年施行）された区分所有法により，建物専有部分の所有権（区分所有権）と敷地利用権の分離処分が認められないことになり，新たに登記上「敷地権」が規定されました。

　敷地権登記がされたマンションでは，1棟の建物全体の登記簿謄本の表題部に，敷地権の目的となっている土地が表示されています。一方，土地の登記簿には敷地権登記が完了している旨の記載しかありません。

　これは，土地と建物を一体として扱うことにより，敷地権に関する登記は建物の登記簿に記載することで，建物の権利異動の効力が当然に土地にも及ぶという考え方のもと，建物の登記簿の表題部に敷地権の権利の表示をすることで，土地の登記簿には敷地権の権利関係の登記はしないということです。

　具体的なマンション専有部分の登記内容は，**図表 1 － 3** （31頁参照）のとおりです。対象専有部分の登記簿を確認すれば，対象専有部分の床面積と対象建物全体の構造・階層・合計面積のほか，対象専有部分に帰属する敷地権

が把握できるようになっています。

④　マンションの評価

　これまでは評価通達で定める評価方法で家屋部分と土地（マンション敷地）部分をそれぞれ評価し，双方を合算してマンション評価額を算出していましたが，令和6年1月1日以後に課税時期が発生するものは，新たに「マンション通達」（「居住用の区分所有財産の評価について（法令解釈通達）」）によって求めた評価額が必要となりました。

　具体的には，評価通達で求めた評価額とマンション通達で求めた評価額を比較し，一定の条件に該当する場合はマンション通達で求めた評価額を採用することになります。

　以下，評価通達で定める評価方法とマンション通達で定める評価方法を説明します。

(2)　評価通達で定める評価額

①　専有部分の区分所有権価額（家屋部分）

　対象専有部分の固定資産税評価額（共用部分の評価額が共有持分割合に応じて加算されている）をもとに，自用であれば1.0倍を乗じて相続税評価額を求めます。

　マンションの各専有部分の固定資産税評価額は，原則として建物全体の評価額に床面積割合を乗じて求められます。算式では以下のとおりです。

$$専有部分の評価額　=　建物全体の評価額　\times　\frac{当該専有部分の床面積}{すべての専有部分の床面積合計}$$

　ただし，地方税法では，同一建物内で専有部分の天井の高さに1m以上の差異がある場合，専有部分の附帯設備の程度に差異がある場合および専有部分の仕上げ部分の程度に差異がある場合は，一定の算式に基づいて評価額を補正することとされています。実際にこのような補正を施すのは，低層階が店舗で中高層階が共同住宅などのいわゆる「ゲタばきマンション」などであ

ることが多いようです。

② 敷地利用権価額（土地部分）

　マンション敷地全体の通常の土地評価額に上記敷地権割合（共有持分）を乗じて，対象専有部分に帰属する敷地利用権価額とします。敷地利用権は，所有権以外に賃借権や地上権の場合があります。その場合は自用地評価額に借地権割合を乗じることになります。算式では以下のとおりとなります（敷地利用権が所有権の場合＝自用地の場合）。

敷地利用権価額 ＝ 敷地全体の自用地評価額 × 共有持分割合

③ 合　計

　評価通達で定める評価額（以下「通達評価額」といいます）は，以下の式で表されます。

通達評価額 ＝ 専有部分の区分所有権価額 ＋ 敷地利用権価額

(3)　マンション通達

① マンション通達が出された背景

　以前から賃貸用不動産（賃貸マンションや賃貸用商業店舗など）を使った相続税の節税策は普通に行われてきましたが，近年は，これに加えてマンションなどを生前に購入し，相続税を減らすプランが富裕層などの間でもてはやされるようになりました（タワーマンションが代表的です）。

　そのからくりは，マンションの通達評価額と実勢の取引価格との開差にあります。タワーマンションを例に説明します。仮に40階建ての最上階40階と低層階である３階で同じ床面積の専有部分（マンション１室）を比較した場合，実際の取引価格は最上階が低層階の倍以上高くても不思議ではありません（現実的には同じ間取ということはないでしょうが）。

しかしながら，通達評価額では両者にそれほどの差は発生しません。厳密に言えば，平成29年から，新たにタワーマンション（高さが60mを超える建築物（建築基準法令上の「超高層建築物」）のうち，複数の階に住戸が所在しているもの）に関しては，一定の算式に基づき，階層の差異による格差を税額に反映することになりました（低層階は低く，高層階は高く補正）。それでも，その差額はわずかなものに留まっていました。

相続税を節税したい人にとっては，マンションの高層階を購入し，相続発生後に転売すれば，大きなメリットを享受できたのです。都心部のマンションを中心に近年，市場価格が高騰している状況も見逃せません。

今回のマンション通達は，市場価格に比べて相続税評価が低すぎる現行のマンション評価額を補正する目的があります。

② マンション通達の考え方

上記の通達評価額では，市場価格を大きく下回ることが多いため，市場価格と乖離する要因となっている築年数，総階数，所在階，敷地持分狭小度の4つの指数に基づいて，評価額を補正する方向で通達の整備が行われました。この補正後の価格を「市場価格（市場価格理論値）」と呼びます。

具体的には，マンション1室の評価額（専有部分の区分所有権＋敷地利用権）を，次の算式により計算した価額によって市場価格を求めることになりました。

$$通達評価額 \times 当該マンション1室の評価乖離率 \times 0.6$$

ただし，すべてのマンションを上記の算式で評価するわけではありません。重要なキーワードは「評価水準」です。評価水準は，通達評価額を市場価格で除したものです。

$$評価水準 = \frac{通達評価額}{市場価格}$$

評価水準の割合によって3分類し，下記の補正をします。それぞれの意味

は以下のとおりです。

（ⅰ）　一戸建ての物件とのバランスも考慮して，評価水準が60％未満となって
　　いるものについて，市場価格の60％になるよう評価額を補正する。

　　　＝通達評価額では市場価格よりも著しく低廉であり，通達評価額より増額
　　　するという意味です。

（ⅱ）　評価水準60〜100％は補正しない。

　　　＝通達評価額が市場価格と比べて，大きな開差がないため，現行の通達評
　　　価額を採用します。

（ⅲ）　評価水準100％超のものは100％となるよう評価額を減額する。

　　　＝通達評価額が市場価格よりも割高となっているので，市場価格を重視し
　　　た評価額まで減額するという意味です。

③　評価乖離率

評価乖離率は，以下の式で求めます。

$$A \times \triangle 0.033 + B \times 0.239 + C \times 0.018 + D \times \triangle 1.195 + 3.220$$

> A：当該マンション1室に係る建物の築年数
> B：当該マンション1室に係る建物の「総階数指数」として，「総階数÷33（1.0を超
> 　　える場合は1.0）」
> C：当該マンション1室の所在階
> D：当該マンション1室の「敷地持分狭小度」として，「当該マンション1室に係る
> 　　敷地利用権の面積÷当該マンション1室に係る専有面積」により計算した値

国税庁は，「居住用の区分所有財産の評価に係る区分所有補正率の計算明
細書」（**図表10-1**参照）を作成し，公表しているので，こちらを活用します。

図表10-1　区分所有補正率計算明細書

居住用の区分所有財産の評価に係る区分所有補正率の計算明細書

（住居表示）所在地番	（　　　　　　　　　　　　　　　　　　　　　　　　　　　　　　　　）	（令和六年一月一日以降用）
家屋番号		

区分所有補正率の計算	A	① 築年数（注1）　　　　　　　年			①×△0.033
	B	② 総階数（注2）　　　　　　　階	③ 総階数指数（②÷33）（小数点以下第4位切捨て、1を超える場合は1）		③×0.239（小数点以下第4位切捨て）
	C	④ 所在階（注3）　　　　　　　階			④×0.018
	D	⑤ 専有部分の面積　　　　　　㎡	⑥ 敷地の面積　　　　　　㎡	⑦ 敷地権の割合（共有持分の割合）	
		⑧ 敷地利用権の面積（⑥×⑦）（小数点以下第3位切上げ）　　　　　　㎡	⑨ 敷地持分狭小度（⑧÷⑤）（小数点以下第4位切上げ）		⑨×△1.195（小数点以下第4位切上げ）
	⑩ 評価乖離率（A＋B＋C＋D＋3.220）				
	⑪ 評価水準（1÷⑩）				
	⑫ 区分所有補正率（注4・5）				
備考					

(注1)　「① 築年数」は、建築の時から課税時期までの期間とし、1年未満の端数があるときは1年として計算します。

(注2)　「② 総階数」に、地階（地下階）は含みません。

(注3)　「④ 所在階」について、一室の区分所有権等に係る専有部分が複数階にまたがる場合は階数が低い方の階とし、一室の区分所有権等に係る専有部分が地階（地下階）である場合は0とします。

(注4)　「⑫ 区分所有補正率」は、次の区分に応じたものになります（補正なしの場合は、「⑫ 区分所有補正率」欄に「補正なし」と記載します。）。

区　　　　分	区分所有補正率※
評　価　水　準　＜　0.6	⑩　×　0.6
0.6　≦　評　価　水　準　≦　1	補正なし
1　＜　評　価　水　準	⑩

※　区分所有者が一棟の区分所有建物に存する全ての専有部分及び一棟の区分所有建物の敷地のいずれも単独で所有（以下「全戸所有」といいます。）している場合には、敷地利用権に係る区分所有補正率は1を下限とします。この場合、「備考」欄に「敷地利用権に係る区分所有補正率は1」と記載します。

ただし、全戸所有している場合であっても、区分所有権に係る区分所有補正率には下限はありません。

(注5)　評価乖離率が0又は負数の場合は、区分所有権及び敷地利用権の価額を評価しないこととしていますので、「⑫ 区分所有補正率」欄に「評価しない」と記載します（全戸所有している場合には、評価乖離率が0又は負数の場合であっても、敷地利用権に係る区分所有補正率は1となります。）。

（資4-25-4-A4統一）

④ 評価乖離率の各項目

各項目を簡単に説明します。

(i) 築年数

Aの築年数は係数がマイナスです。築年がかさむほど減価するという意味です。

(ii) 総階数

Bの総階数は33階までという上限はあるものの，総階数が多いマンションほど増価します。

(iii) 所在階

Cの所在階も高層階になるほど増価します。

(iv) 敷地持分狭小度

Dの敷地持分狭小度は係数がマイナスです。敷地持分面積を専有部分の床面積で割った指数です。

一般に郊外立地のマンションは低層で敷地がゆったりとしており，戸当たりの敷地面積が広いのが特徴です。

専有部分の床面積100㎡に対し，戸当たり敷地面積が100㎡であれば，敷地持分狭小度は1ですが，専有部分の床面積100㎡に対し，戸当たり敷地面積が40㎡しかなければ，敷地持分狭小度は0.4にすぎません。一般的な傾向として，郊外部のマンションほど減価する式となっています。

マンションの取引価格を左右する要因としては，上記4項目以外に，マンション全体としては立地（駅までの距離や都心からの接近性を含みます），ブランド（地名，デベロッパーや販売会社），専有部分としては眺望，間取，設備などもありますが，立地は敷地利用権を評価する際に採用する路線価に反映されていると解されています。

上記の4項目を検討すると，明らかに高層階に所在するタワーマンションの評価額が高くなる傾向があり，築年数が古くても価値のあるビンテージ型マンションや郊外部の低層型マンションは大きな影響を受けにくいといえま

す。

⑤　区分所有補正率

　マンション通達では，結果として求められた評価乖離率と評価水準を見比べて，区分所有補正率を算出する形となっています。

　なお，評価乖離率がゼロまたはマイナスの場合は，区分所有権および敷地利用権の価額は評価しません。

⑥　適用対象と開始時期

　このマンション通達は，全国すべての区分所有者が所有するマンションが対象となり，令和6年1月1日以後に相続等により取得したものについて適用されます。

　ただし，以下のものは対象外となります。

> (i)　2階建て（地階を除きます）のマンション
> (ii)　専有部分の数が3室以下で，そのすべてに区分所有者またはその親族が居住しているもの（いわゆる二世帯住宅など）
> (iii)　区分所有登記されていないマンション
> (iv)　専有部分の用途が居住用以外の用に供されているもの（オフィス，店舗など）
> (v)　評価水準が0.6以上1以下であるマンション

(4) 具体的な実例（図表10－2参照）

図表10－2　マンション評価実例

	築年	総階数	所在階数	専有面積	持分面積	通達評価額	❶	❷	❸	❹	評価乖離率	評価水準	区分所有補正率	新評価額
①	10	30	30	80.00	40.00	18,000,000	-0.33	0.217	0.54	-0.598	3.049	0.328	1.8294	32,929,200
②	50	4	4	100.00	80.00	10,000,000	-1.65	0.028	0.072	-0.956	0.714	1.401	0.714	7,140,000
③	10	3	1	80.00	100.00	12,000,000	-0.33	0.021	0.018	-1.494	1.435	0.697	補正せず	12,000,000
④	3	8	6	70.00	50.00	11,000,000	-0.099	0.057	0.108	-0.854	2.432	0.411	1.4592	16,051,200
⑤	30	8	6	70.00	50.00	7,000,000	-0.99	0.057	0.108	-0.854	1.541	0.649	補正せず	7,000,000

❶築年数×△0.033，❷総階数指数（総階数÷33）×0.239，❸所在階×0.018，
❹敷地持分狭小度×△1.195

① 都心部タワーマンション

築年数10年，30階建ての30階に所在，専有面積80㎡，
敷地利用権面積40㎡，通達評価額18,000,000円を想定。

⇒　評価乖離率3.049，評価水準0.328，区分所有補正率1.8294，
　　新評価額32,929,200円

② 都心部ビンテージマンション

築年数50年，4階建ての4階に所在，専有面積100㎡，
敷地利用権面積80㎡，通達評価額10,000,000円を想定。

⇒　評価乖離率0.714，評価水準1.401，区分所有補正率0.714，
　　新評価額7,140,000円（通達評価額より下がる）

③ 郊外部低層マンション

築年数10年，3階建ての1階に所在，専有面積80㎡，
敷地利用権面積100㎡，通達評価額12,000,000円を想定。

⇒　評価乖離率1.435，評価水準0.697，区分所有補正率「補正せず」
　　通達評価額のまま

④　地方都市の新築マンション

築年数3年，8階建ての6階に所在，専有面積70㎡，

敷地利用権面積50㎡，通達評価額11,000,000円を想定。

⇒　評価乖離率2.432，評価水準0.411，区分所有補正率1.4592，

新評価額16,051,200円

⑤　地方都市の築古マンション

築年数30年，8階建ての6階に所在，専有面積70㎡，

敷地利用権面積50㎡，通達評価額7,000,000円を想定。

⇒　評価乖離率1.541，評価水準0.649，区分所有補正率「補正せず」

通達評価額のまま

＊評価方式の見直しにより，多くのマンションの評価額が上がることになります

が，特に新築後間もないタワーマンションは新しい評価方式の影響を大きく受

けます。築年数が古くても市場価値が高いビンテージ型マンションは逆に評価

額が下がり，相続財産としては有利です。

高まるマンション人気

　令和6年から新しいマンション通達が適用され，多くのマンションは相続税評価額が上昇します。皆さんはマンション所有者の相続税負担が大きくなって気の毒だと思いますか？

　都心部を中心としたマンション価格は高騰を続けています。株式会社不動産経済研究所が公表したデータによると，令和5年に東京23区で発売された新築マンションの平均価格は1億1,483万円となり，初めて1億円を超えました。前年比39.4％上昇です。首都圏全体では平均価格8,101万円，前年比28.8％上昇です。近年，全国の大都市も価格上昇傾向は顕著です。

　価格上昇の要因は，建築資材価格や人件費の高騰などコストプッシュだけでなく，富裕層や外国人の購入意欲が極めて強く，特に都心部で超高額物件の需要が高まっているためです。

　今回のマンション通達で求めた評価額も，実際に取引される価格と比較すれば，まだまだ割安なため，相続税の節税策としてマンションを購入する傾向は今後も続くものと思われます。

　通勤通学に便利で，お洒落な生活を楽しむことができる都心部は魅力的です。海外のお金持ちが利便性良好な日本の大都市に不動産投資をする傾向はますます強くなることでしょう。都心に住むこと自体がステータスになりつつあります。

　その一方，都心でファミリー向けのマンションを購入するのは，一般的なサラリーマンにとっては「高嶺の花」となっています。1億円のマンションが当たり前の時代です。「オクション」（億を超える高級マンションの意味）がいつの間にか普通のマンションになってしまいました。

③　6項適用

(1)　評価通達6項とは

　原則として，土地建物は評価通達で評価し，相続税申告します。しかし，収益不動産などに象徴されるような通達評価額と時価（取引価額）との間に著しく開差があり，またその開差を利用して相続税を意図的に大きく減額するなどの状況がある場合は，評価通達6項が適用されることがあります。

　6項は，「この通達の定めによって評価することが著しく不適当と認められる財産の価額は，国税庁長官の指示を受けて評価する」と規定されています。

(2)　令和4年4月19日最高裁判決

①　判決の概要

　この判決は，相続開始前に取得した賃貸マンションとその敷地（東京都杉並区＝甲不動産（約40戸の共同住宅），川崎市＝乙不動産（約40戸の共同住宅））の評価について争われました。争点となったのは，「特別の事情」の有無でした。

　最高裁判所は，合理的な理由がない限りは，通達評価額を採用するのが妥当と認めながらも，評価通達による評価方法を画一的に適用することがかえって租税負担の公平を害することが明らかである場合で，さらに多額の借入などを行っている事情などを考慮にいれ，特別の事情があると判じ，6項適用を認めました。

②　事案の概要

　・平成21年1月：銀行融資を受け，甲不動産を約8億3,700万円で購入

- 平成21年12月：銀行融資を受け，乙不動産を約5億5,000万円で購入
- 平成24年6月：相続開始（＝甲不動産取得から3年5か月経過）
- 平成25年3月：乙不動産を約5億1,500万円で売却
- 平成25年3月：相続税申告(甲乙不動産は通達評価額で評価し,申告税額は0円)

③ 評価額の一覧

	甲不動産	乙不動産	合 計
通達評価額：A	約2億円	約1.33億円	約3.33億円
鑑定評価額：B	約7.54億円	約5.19億円	約12.73億円
開差（B／A）	約3.8倍	約3.9倍	約3.8倍

④ 申告後の経緯

　平成28年4月，所轄税務署は評価通達6項の適用が妥当と判断し，不動産鑑定評価額に基づき，相続人に対し，約2億4,000万円の追徴課税を求める更正処分を行いました。

　相続人はこの更正処分等を不服として審査請求しました。国税不服審判所は，税務署の更正処分を妥当と裁決（平成29年5月23日）したため，処分の取消しを求め，提訴していました。

　令和元年8月の東京地裁，令和2年6月の東京高裁ともに，国側の勝訴でした。

(3) 実務への影響

① 6項適用件数

　国税庁は，近年の評価通達6項の適用件数を公表しています。その件数は，平成24年から令和3年までに計9件にすぎず，6項適用はまれなケースでした。ただし，令和4年は1年間で6件と急増しています（日本経済新聞電子版令和6年2月9日付）。

②　収益不動産

　不動産売買市場では，賃貸マンションや商業ビルなどの収益不動産は，収益還元法と呼ばれる対象不動産が生み出す収益力に着目して決定される収益価格で決まることが一般的です。

　財産評価上は，賃貸割合100％で家屋は完全な貸家評価，宅地も完全な貸家建付地評価が適用され，評価が低くなります。さらに，多額の借入金を利用して不動産を購入すると，相続税計算上は債務控除により相続税圧縮に大きな効果が出ます。

　6項適用のハードルは高く，適用対象は高額な不動産や同族法人株式に関連するものがほとんどであると判断されます。相続税対策として一般的な収益不動産を購入することや，自己所有地にアパートを建築する程度で問題視されることはありません。

　しかしながら，極めて高額で相続税圧縮効果の高い収益不動産を，多額の借入金により，被相続人が相続直前などに取得している場合などは，「租税回避」目的などと税務当局から指摘を受ける可能性があり，6項適用がないとは断言できません。

　税理士として相続税の節税策に関して相談を受けることは業務の一環であり，客先からの関心が高いのは事実です。しかしながら，単に節税効果だけに着目するのではなく，相続税申告時の対応等を勘案して，総合的にバランスのとれた提案をするように心がけたいものです。

《参考》不動産評価に有用なサイト

路線価図・評価倍率表	
路線価に限らず，倍率や宅地造成費など https://www.rosenka.nta.go.jp/	

登記情報提供サービス	
不動産登記情報を取得 https://www1.touki.or.jp/	

ゼンリン住宅地図プリントサービス	
住宅地図を取得 https://www.zenrin.co.jp/j-print/service.html	

東京都不動産鑑定士協会	
全国の地価公示地などの場所 https://www.tokyo-kanteishi.or.jp/jp/	

不動産情報ライブラリ	
地価公示地・地価調査地の概要 https://www.reinfolib.mlit.go.jp/ （注）令和6年4月1日からスタート，旧「土地総合情報システム」	

全国地価マップ	
全国の固定資産税路線価・標準宅地価格 https://www.chikamap.jp/chikamap/Portal	

マンションレビュー	
中古マンションの売買価格相場など https://www.mansion-review.jp/	

eMAFF 農地ナビ	
農地の場所など https://map.maff.go.jp/	

国土地理院地図	
標高など https://maps.gsi.go.jp/#5/36.104611/140.084556/&base=std& ls=std&disp=1&vs=c1g1j0h0k0l0u0t0z0r0s0m0f1	

〔著者紹介〕

樋沢　武司（ひざわ　たけし）

不動産鑑定士・税理士
名古屋市生まれ，東海高校卒，一橋大学社会学部卒。
株式会社エーエムエス(不動産鑑定士事務所)代表取締役，樋沢武司税理士事務所代表。
公益社団法人愛知県不動産鑑定士協会所属，名古屋税理士会名古屋東支部所属。
不動産オーナー所得税実務，不動産管理会社運営支援，相続税申告等を行うとともに，各種税務対策上の不動産鑑定評価を得意としている。
〔主な著書〕
『オーナー社長のホットな相続＆クールに税金対策』（中央経済社）
『税理士のための相続税 Q&A　土地等の評価』（中央経済社）など
〔株式会社エーエムエス・樋沢武司税理士事務所〕
愛知県名古屋市東区葵２丁目12番１号ナカノビル６Ｃ

税理士・事務所職員が
不動産評価をゼロから知りたいと思ったときに読む本

2024年6月20日　第1版第1刷発行

著　者　樋　沢　武　司
発行者　山　本　　　継
発行所　㈱　中　央　経　済　社
発売元　㈱中央経済グループ
　　　　パ　ブ　リ　ッ　シ　ン　グ

〒101-0051　東京都千代田区神田神保町1-35
電話　03 (3293) 3371 (編集代表)
　　　03 (3293) 3381 (営業代表)
https://www.chuokeizai.co.jp
印刷／文唱堂印刷㈱
製本／㈲井上製本所

©2024
Printed in Japan